Gerhard Ruhbach

Geistlich leben

Wege zu einer
Spiritualität im Alltag

BRUNNEN

VERLAG GIESSEN·BASEL

REIHE „GEISTLICH LEBEN"
Herausgegeben von Siegfried Großmann, Ingrid Reimer,
Gerhard Ruhbach, Peter Soeder und Ingrid Wilckens
im Auftrag der Stiftung Geistliches Leben

2. Auflage 1997
© 1996 Brunnen Verlag Gießen
Umschlaggestaltung: Friedhelm Grabowski
Herstellung: St.-Johannis-Druckerei, Lahr
ISBN 3-7655-5481-2

INHALT

Einführung:
Die Reihe „Geistlich leben" — 5

Geistlich leben – Vom Leben im Geist — 7

   Exkurs: Von der Bedeutung
christlicher Spiritualität — 17

Von der Erfahrung des Glaubens –
Wachsen und Reifen im Christsein — 23

   Glaubenserfahrungen als Wegerfahrungen — 28

   Glaubenserfahrungen als
Übungserfahrungen — 33

   Glaubenserfahrungen als
Reifungserfahrungen — 39

   Exkurs: Der Alltag als Bewährung
des Glaubens — 56

Von Gestaltungen und Umgangsweisen
im geistlichen Leben — 61

   Gott dankbar erwarten — 61

   Schweigen und hören — 63

   Das Wort treiben und reiben — 69

   Mit Gott sprechen wie mit einem Freund — 73

   Mit anderen Christen zusammenleben — 75

   Sich auf die Wiederkunft des Herrn freuen — 78

EINFÜHRUNG

Die Reihe „Geistlich leben"

Überall sind heutzutage Klagen zu vernehmen: über den Zustand der Welt im allgemeinen und im besonderen, über den Niedergang des politischen und wirtschaftlichen Lebens, über die Krise des Denkens und die Beliebigkeit des Handelns und natürlich über die Menschen, ihre Launenhaftigkeit, Unzuverlässigkeit und Depressivität. Sicherlich ist an solchen Beschwernissen immer etwas „dran", und doch helfen derartige Klagen so wenig; sie sind unfruchtbar und stecken höchstens andere Menschen an.

Gott hat zwar seinen Kindern erlaubt, auch Klagen gleichsam als Öffnung von Überdruck herauszulassen, damit das Lob Gottes um so heller erklingen kann – und darüber wird später noch ausführlich zu reden sein –, aber niemals hat die Klage Selbstzweck gegenüber den Preisungen Gottes erhalten, der seine Welt nicht verderben und seine Geschöpfe nicht verkommen läßt. Glaube hat viele Bedeutungen: er meint auch, immer Kopf und Herz zu erheben, immer Grund zur Hoffnung und Zuversicht zu haben. Hierin besteht die Schönheit des Christseins, daß es allezeit etwas zu lachen gibt, wenn Lachen Ausdruck des Ostergelächters über den besiegten Tod ist, Widerstandskraft gegen alles, was kraftlos ist und kraftlos macht, was nach unten zieht und unten hält, kurzum gegen alles, was dem von den Toten auferstandenen Christus weniger zutraut als dem eigenen Zweifel.

Darin allerdings haben die Klagen über die Welt von heute ihr relatives Recht, weil wir allenthalben zu viel wissen und zu wenig leben. Die Verwirklichung des Gewußten bleibt stecken bzw. ist gar nicht im Blickfeld. Auch Christen brauchen Lebensanweisung und Lebensbegleitung, Lebenskunde und Lebenskunst. Die Reihe „Geistlich leben", von der Stiftung „Geistliches Leben" ins Leben gerufen, hat diese Absicht; sie will Glauben vermitteln und zugleich Schritte des Glaubens einüben. Die erste Veröffentlichung möchte den Rahmen abstecken, was „Geistliches Leben" bzw. Spiritualität meint. Sie ist so etwas wie eine Speisekarte, die auf den Geschmack bringen und anregen möchte, sich mit dem „Geistlichen Leben" näher zu befassen. Einzelthemen unter verschiedenen Schwerpunkten werden den Rahmen ausfüllen und ihm – hoffentlich – Tiefe geben.

Der Leser wird gebeten zu lesen, zu erproben und seine Erfahrungen wie Anregungen die Herausgeber wissen zu lassen. Wir haben vorgesehen, pro Jahr zwei bis drei Bücher ähnlichen Formates herauszubringen. Gebe Gott, daß unser Glaube auch auf diesem Wege Flügel bekommt und das Christentum wieder zum „Gestaltglauben" wird.

Bethel, im April 1996   Gerhard Ruhbach

GEISTLICH LEBEN – VOM LEBEN IM GEIST

„Geistlich" ist ein unbekanntes Wort geworden und hat einen abgehobenen Klang bekommen. Dabei geht diese Formulierung schon auf den Apostel Paulus zurück. In seinem Brief an die von ihm zum Glauben gebrachten Gemeinden in Galatien erinnert er daran, wie es damals zum Christwerden kam und welchen Versuchungen die Gemeinden seitdem ausgesetzt wurden: Allerlei Irrlehrer haben versucht, durch Beimischung ihrer eigenen Gedanken die Heilsbotschaft zu verwässern oder in Richtung ihrer besonderen Vorstellungen abzulenken. „So besteht in der Freiheit, zu der euch Christus befreit hat" (Gal 5, 1), ermuntert Paulus, und: „Wandelt im Geist und seht zu, daß ihr durch die Freiheit nicht dem Fleisch Raum gebt" (5, 16. 13), schließlich – und das ist der biblische Grundtext für geistliches Leben überhaupt: „Wenn wir im Geist leben, so laßt uns auch im Geist wandeln" (5, 25) oder, wie die „Gute Nachricht" übersetzt: „Wenn nun Gottes Geist von uns Besitz ergriffen hat, dann wollen wir auch aus diesem Geist unser Leben führen."

Spricht Paulus vom Geist, dann meint er die Gegenwart, die Vollmacht, die Kraft des auferstandenen Christus: „Der Herr ist der Geist. Wo aber der Geist des Herrn ist, da ist Freiheit" (2 Kor 3, 17). Wer zum Glauben erweckt und auf Christus getauft wurde, ist Geistträger geworden bzw. „geistlicher Mensch" (1 Kor 2, 13. 16; 3, 1).

„Geist" ist für Paulus mancherlei, z. B. der Raum des neuen, von Gott erleuchteten und erfüllten Lebens, in das der Glaubende versetzt wurde und in dem er sich nun aufhält. Geist meint aber nicht nur den neuen Lebens*bereich,* sondern auch die neue Lebens*ausrichtung,* die neue Lebens*orientierung.* Geist wird somit zu einem globalen, umfassenden Begriff, austauschbar mit der Lebendigkeit Gottes, mit dessen Herrschaftsräumen und -zeiten, mit seinen Willenskundgebungen und Begegnungsformen. Offenbar haben manche Christen diese Geist-Fülle als erwerbbaren Besitz mißverstanden und sich damit über andere Christen erhoben, wie es schon in Korinth geschehen war. Andere wieder haben den Geist Gottes nach menschlichem Verstand als Sinn, Vernunft, Weisheit ausgelegt und damit den lebendigen Christus, menschlich-fleischlich, dem Richtungssinn des „Fleisches" dienstbar gemacht.

Mit dem Wort „Fleisch" kommt der Gegenbegriff zu „Geist" ins Blickfeld. „Fleisch" hat in der Heiligen Schrift eine doppelte Bedeutung. Einmal bedeutet es die geschöpflich-irdische Wirklichkeit, den Körper, aber auch die Vergänglichkeit des Menschen: „Alles Fleisch ist wie Gras und all seine Pracht wie eine Blume auf dem Feld. Das Gras verdorrt und die Blume verwelkt" (Jes 40, 6f). In seiner Fleischlichkeit hat der Mensch kein ewiges Leben, und darin unterscheiden sich Schöpfer und Geschöpf, Mensch und Gott voneinander. Immer wieder aber versucht der sterbliche Mensch, sich über seine Grenzen, die Fleischgebundenheit, hinwegzusetzen und sich Ruhm und Anerkennung über sein Leben hinaus, eben darin Unsterblichkeit zu verschaffen. Im Fleisch hat die Versuchlichkeit des Menschen ihren Grund, der Verlockung der ewigen „Schlange" – in welcher Form auch immer sie erscheint – zu folgen und sein zu wollen wie Gott.

Aus dem neutralen Begriff, der Beschreibung einer vorgegebenen Befindlichkeit, wird damit die zweite Bedeutung von Fleisch. Fleisch hat seinen eigenen Richtungssinn; der fleischliche Mensch will sich selbst und seine Absichten verwirklichen, auch wenn sie Gottes Willen widersprechen; er will auf Kosten anderer leben, selbst wenn das der Goldenen Regel und dem Liebesgebot Christi entgegensteht. „Fleisch" ist damit zu einer durchaus negativen, widergöttlichen Wesensbeschreibung des Menschen geworden.

Paulus unterscheidet deutlich zwischen dem Leben „im Fleisch" und „gemäß dem Fleisch". Der Christ lebt zwar im Fleisch wie alles geschöpfliche Leben, aber nicht gemäß dem Fleisch, sondern gemäß dem Geist und seinem Richtungssinn. „Obwohl wir im Fleisch wandeln, führen wir unseren Kampf nicht nach dem Fleisch" (2 Kor 10, 3). Damit hat Paulus das Wunder des neuen Lebens beschrieben, das Geschenk und Geheimnis ist und auf reale Befreiung durch Christus zurückgeht. Freiheit ist deshalb niemals ein großes, programmatisches Wort, sondern Befreiungserfahrung: ich kann, was ich bisher nicht konnte, nämlich geistlich, dem Geist gemäß, leben.

Das griechische Wort für geistlich heißt „pneumatisch" und das lateinische „spirituell". Beide Begriffe haben sich allerdings noch weniger als „geistlich" durchgesetzt, aber auch das Wort vom „geistlichen Leben" macht stets neue Auslegungsbemühungen erforderlich. Begriffe legen immer fest, doch das verträgt „geistliches Leben" nicht. Es meint vielmehr die Bereitschaft zur Begegnung mit dem persönlichen und überpersönlichen Gott, der sich zu Wort und zur Erfahrung bringt, wann, wo und wie er es will, quer durch unsere Ortsangaben, Gottesdienstzeiten und Erklärungsbemühungen hindurch. Offene Verbindlichkeit, engagierte Erwartung, glühende Sehnsucht, liebender Gehorsam, wachsame Zuwendung, solche Einstellungen und Haltungen beschreiben geistliches Leben am ehesten. Immer aber wird es einen unaussagbaren Rest und ein staunendes Schweigen geben, das anzunehmen, auszuhalten und in neue Erfahrungen zu bringen ist.

Das Geheimnis Christi enthüllte sich, als ihn die Jünger in Emmaus beim Brotbrechen erkannten und er sich ihnen entzog. So wird es allezeit wieder sein: Als der Gefundene bleibt er immer der Gesuchte, der die Seinen hinter sich her ruft und zieht. Gerhard Tersteegen hat darauf aufmerksam gemacht, daß die johanneische Rede vom „Zug" (Joh 12, 32) des erhöhten Herrn ebenso etwas von der Beweglichkeit des geistlichen Lebens anspricht wie das Bild vom Weg und von der Nachfolge. Wer von Christus ergriffen ist, kennt keine Auszeiten, keinen Feierabend. Geistliches Leben läßt sich nicht auf die Pensionärsexistenz beschränken, auch nicht auf eine halbe Zeitstunde am Tag. Es meint vielmehr die Lebensimprägnierung des Menschen durch Gott und seine Lebensorientierung an Gott. Wilhelm Stählin hat recht: „Eine geistliche Lebensordnung kann nicht nur eine Ordnung des ‚geistlichen Lebens' sein, sondern sie muß eine geistliche Ordnung des ganzen Lebens sein."

So ist geistliches Leben ein phantastisch schönes Geschenk und zugleich ein umfassender Anspruch. Es gilt jedem einzelnen Glaubenden und der Gemeinde als ganzer; es meint die Vorwegnahme der kommenden Welt, die jetzt schon ihren Anfang nimmt, und ist doch ganz und gar irdisches Leben unter den Bedingungen des normalen Menschseins. Gottes Zuwendung und Gnade sind nicht billig zu haben, sondern sie „kosten dein ganzes Leben", wie ein altkirchlicher

Taufspruch sagt. Aber sie verwandeln auch menschliches Leben und machen es unermeßlich reich, so daß der Ertrag die aufgewandten Kosten um ein Vielfaches übersteigt.

Auch Christen haben sich angewöhnt, mit ganz geringen Lebenserwartungen an ihr äußeres und inneres Leben zufrieden zu sein, und manchmal beklagen sie sogar, daß sie es als Glaubende schwerer und anstrengender hätten als die Kinder dieser Welt. In der Heiligen Schrift kommen solche Töne, aus denen die Sehnsucht zurück nach den Fleischtöpfen Ägyptens spricht, gelegentlich ebenfalls vor. Aber immer werden sie zurückgewiesen, weil der Reichtum des Glaubens weit größer ist als die Mühsale der Nachfolge. Zwar werden Christen schon hier auf der Erde „selig" gepriesen, aber dies entspricht keineswegs den Bedürfnis- und Glückserfahrungen des Zeitgenossen; im Gegenteil: Mißverständnis und Verfolgung, Verachtung und Spott können durchaus Begleiter von Glaubenden sein. Die Verheißungen für das geistliche Leben heißen Erfahrung der Nähe und Gegenwart Gottes, die Freude und Geborgenheit in sich haben.

Ein weiterer Gesichtspunkt bedarf der Erwähnung: Wer zum Glauben gekommen ist, hat die Erwählung und Berufung Gottes erfahren. Niemand wird begreifen, warum Gott ausgerechnet auf ihn seine Hand gelegt hat. Das Ja zu der erfolgten Berufung, einmal gesprochen, ist immer neu zu wiederholen; es spricht sich in Tiefen anders als auf Höhen des Lebens. Trotzdem ist diese Berufung Auszeichnung und Grundorientierung meines Lebens geworden, hinter die ich nicht mehr zurückkann. Mag sein, daß auch wir Heutigen wie Jeremia sprechen möchten: „Herr, du hast mich überredet, und ich habe mich überreden lassen.

Du bist mir zu stark gewesen und hast gewonnen; aber ich bin darüber zum Spott geworden täglich ... da dachte ich: Ich will nicht mehr an ihn denken und nicht mehr in seinem Namen predigen, aber es ward in meinem Herzen wie ein brennendes Feuer..., daß ich's nicht ertragen konnte; ich wäre schier vergangen" (Jer 20,7ff). Auch wir kommen von Gott nicht mehr los – trotz Anfechtung und Leiden. Wieviel schöner und besser für uns wäre es also, dem Leben mit Gott, dem geistlichen Leben, immer neu zuzustimmen und weitere Begegnungserfahrungen zu machen. Auch die „Nicht-Erfahrung" ist eine Erfahrung. Geben wir Erich Fried, einem Schriftsteller unserer Zeit, dazu das Wort und übertragen die Erfahrungen einer Liebe auf das Leben mit Gott:

>   Das Leben
>   wäre
>   vielleicht einfacher
>   wenn ich dich
>   gar nicht getroffen hätte.
>
>   Weniger Trauer
>   jedes Mal
>   wenn wir uns trennen müssen
>   weniger Angst
>   vor der nächsten
>   und übernächsten Trennung.
>
>   Und auch nicht soviel
>   von dieser machtlosen Sehnsucht
>   wenn du nicht da bist
>   die nur das Unmögliche will
>   und das sofort
>   im nächsten Augenblick
>   und die dann

weil es nicht sein kann
betroffen ist
und schwer atmet.

Das Leben
wäre vielleicht
einfacher
wenn ich dich
nicht getroffen hätte.
Es wäre nur nicht
mein Leben.

Diese Erfahrungen führen zu einigen Schwierigkeiten, vor die geistliches Leben zu allen Zeiten stellt:

– Wir haben es als Menschen, die in einer müde und alt gewordenen Welt leben, mit Gott zu tun, der in unserem Alltag unser Denken und Planen immer weniger bestimmt. Wir Menschen sind gottesmüde und lebensmüde geworden, und Gott scheint einen Brückenkopf nach dem anderen zur Begegnung mit ihm aufgegeben zu haben. Unsere herkömmlichen Gottesdienste, die natürlichen Orte der Begegnung zwischen Gott und Mensch, scheinen nur noch für kleinere Gruppen von Christen zugänglich. Die Frage, wo sich Gott heute zur Erfahrung bringt, ist lediglich dogmatisch leicht zu beantworten. Gott hat es in der Tat schwer mit seinen Geschöpfen. Wenn er kommt und anklopft, werden wir zu Hause sein? So verändert sich die Schwierigkeit, die wir haben, zur Schwierigkeit, die Gott mit uns hat.

– Eine andere Bedrängnis besteht in dem hohen Anspruch, vor den geistliches Leben stellt: „Mein Äußerstes für dein Höchstes"; „Für einen ewigen Kranz mein armes Leben ganz"; „Von den Kosten und Freuden der Nachfolge Christi", viele andere Buchtitel ließen sich nennen, die ähnlich anspruchsvoll reden. Doch was heißt „ganz" für mich, der ich mich bestenfalls teilweise überblicke, der ich immer wieder an meine Grenzen stoße und das Fragmentarische auch meiner glaubenden Existenz fast täglich erfahre? Ich bin nicht „ganz" und kann es nicht sein; idealistische Anforderungen und Postulate sind aber ganz und gar unbiblisch.

Was also meint Jesus, wenn er seine Jünger so vollkommen haben möchte, wie der Vater im Himmel vollkommen ist (Mt 5, 48), oder wenn er an das alttestamentliche Liebesgebot erinnert, daß wir Gott „von ganzem Herzen, von ganzer Seele und von ganzem Gemüte lieben" sollen? (5 Mo 6, 5; Mk 12, 30 par). Mitnichten denkt Jesus an eine Annäherung an Gott im Sinne ausweisbarer Ergebnisse, sondern im Sinn der göttlichen Liebe und Barmherzigkeit, auf die hin menschliche Antwort nichts als ein dankbarer Reflex ist. Die genannten Schriftworte könnten also folgendermaßen ausgelegt werden: Sei so ganz ein Liebender, auf andere (auch auf dich selbst) positiv zugehender Mensch, wie Gott es vom ersten Tag der Schöpfung an war und geblieben ist bis heute, oder: Liebe Gott so, wie dein Herz und deine Empfindung, deine Einsicht, dein Wille und deine Energie ganz für ihn offen sein können, und laß vor allem die Konzentration auf die anderen Nebengötter weg, die ebenfalls deine Liebe, dein Vertrauen beanspruchen und dadurch deine Liebesfähigkeit schwächer und schwächer machen.

Wer liebt, kann nur wenige Menschen intensiv lieben, und Vertrauen hat exklusiv nur eine Falte, die sich weit öffnen oder ganz verschließen kann. Im

Beziehungsbereich, vor allem auch Gott gegenüber, gibt es kein halbiertes Leben, oder es ist kein Leben. So enthüllt sich die „Ganzheitlichkeit", die dem geistlichen Leben innewohnt, nicht als Ideal, nicht als Anspruch, sondern als dem wirklichen Leben wirklich angemessen. Stärken und Schwächen, Gelingen und Versagen, Müdigkeit und Mut, all das hat seinen Platz. „Simon, des Johannes Sohn, hast du mich lieb? – Ja, Herr, du weißt, daß ich dich lieb habe (Joh 21, 16). Frage und Antwort vertragen in diesem Dialog keine Einschränkung und brauchen keine Begründung; eben darin sind sie Auslegung und Verwirklichung des oben genannten Liebesgebotes. Geistliches Leben ist somit kein mühsames (und meist unerfüllbares) Ideal, sondern gelebte Liebesgeschichte mit Gott. Am Anfang steht die werbende Zuwendung Gottes:

> Ich hab' dich je und je geliebt,
> darum zog ich dich zu mir.
> Ich hab' dich je und je geliebt,
> komm, vertraue mir!
> Ich, der Herr, dein Gott, habe dich gemacht,
> schön und wertvoll bereitet, du bist mein!
> (Nach Jer 31, 3,
> aus der Jesus-Bruderschaft Gnadenthal)

Gottes Liebe öffnet den Menschen für sich, sie läßt ihn vertrauen (glauben), die ausgestreckte „Hand" ergreifen, erste „Schritte" auf ihn zu und hinter ihm her tun. Die Menschwerdung Gottes in Jesus gibt Gott und Mensch symbolisch und real Anschauung und Erfahrbarkeit. Geistliches Leben meint also Begegnung mit Jesus in seinen Worten und Taten, Präsenz und Bereitschaft des Menschen, ihn zu empfangen, mit seiner

Liebe zur ganzen Welt wiederliebend umzugehen und in die Nachfolgegemeinschaft anderer Glaubender einzutreten. In wechselseitiger Zuwendung kommt diese Liebe zu ihrer Erfüllung und ist eben deshalb, noch einmal sei es gesagt, kein Ideal oder Postulat. Leben mit dem auferstandenen und erhöhten liebenden Herrn (geistliches Leben) ist nichts als Konsequenz und Vollzug der reformatorischen Rechtfertigungslehre:

> Er sprach zu mir: Halt dich an mich,
> es soll dir jetzt gelingen;
> ich geb' mich selber ganz für dich,
> da will ich für dich ringen;
> denn ich bin dein, und du bist mein,
> und wo ich bleib, da sollst du sein,
> uns soll der Feind nicht scheiden
> (Martin Luther, EG 341, 7; EKG 239, 7).

– Schließlich sei in diesem Zusammenhang auf eine Verständnisschwierigkeit hingewiesen, vor die Luthers Übersetzung des Paulus-Wortes (Gal 5, 25) stellt: „So laßt uns auch im Geiste wandeln." Andere Übersetzungen, z. B. die Zürcher, sind Luther darin gefolgt. Was aber meint „wandeln"? Paulus verwendet hier eines der beiden Worte, für die die Evangelisten „nachfolgen" sagen. *Stoichein* heißt: Schritt für Schritt gehen (Gal 5, 25). Im Deutschen ist „wandeln" ganz aus dem Sprachgebrauch verschwunden oder höchstens formalisiert erhalten geblieben („Handel und Wandel"); lediglich eine Bedeutungsvariante taucht dann und wann auf, nämlich „lustwandeln". Diesen Aspekt hatte Luther wahrscheinlich mit seiner Übersetzung im Auge: Wer sich auf den erhöhten, in der Gemeinde gegenwärtigen Herrn wirklich einläßt, erfährt auch die Freude (Lust) des liebenden Vertrauens, die Leichtigkeit des geschenkten Lebens, die Zweckfreiheit und Absichtslosigkeit, die Liebe so schön macht. Die „Freude der Umkehr" und der Christus-Nachfolge ist oft strengem, unfrohem Ernst gewichen. Warum eigentlich? Geistliches Leben hat wahrlich mit einem schönen „Osterspaziergang" zu tun.

Exkurs:
Von der Bedeutung christlicher Spiritualität

Überall begegnet heute im christlichen Kontext das Wort „Spiritualität", und es hat auch im Untertitel dieser Veröffentlichung – bewußt – Aufnahme gefunden. Deshalb bedarf der Klärung, was Spiritualität meint.

Heute ist Spiritualität zu einem Containerbegriff mit vielen Sinngebungen geworden. Man spricht z. B. von Biospiritualität und feministischer Spiritualität, von der Spiritualität der Grünen und der Gewerkschaften. Besonders in der esoterischen Szene hat sich dieses Wort durchgesetzt. Es bleibt zu hoffen, daß die säkularen, oft unklar und schwammig gebrauchten Verwendungen dieses Begriffs wieder zurücktreten und die originär christliche Bedeutung von Spiritualität wieder sichtbar wird.

Erstmals nachweisbar ist Spiritualität in der französischen Ordenstheologie des 18. Jahrhunderts. Im zweiten Vatikanischen Konzil hat sich dieser Begriff als Intensivform des Christlichen Geltung verschafft. Auf der 5. Weltkirchenkonferenz 1975 in Nairobi setzte sich Spiritualität in der Botschaft an die Mitgliedskirchen der ökumenischen Bewegung vollends durch: „Wir sehnen uns nach einer neuen Spiritualität, die unser Planen, Denken und Handeln durchdringt."

So sehr das Wort gegenwärtig in vieler Munde ist und dadurch als abgenutzt erscheint, es hat den Vorteil, daß es noch nicht so festgelegt ist, wie etwa Christologie oder Dogmatik. Spiritualität hat durchaus ökumenische, vorkonfessionelle Weite, und deshalb sollte das Wort auch weiter verwandt werden.

Christliche Spiritualität geht auf den *spiritus sanctus,* den Heiligen Geist, zurück und verbindet biblische Aussagen von der Präsenz Christi unter seinem Volk und der gelebten Nachfolge von Christen in einem Begriff. Gemeint ist, daß der auferstandene Herr für den Umgang mit den an ihn Glaubenden eigene Lebensformen schafft, z. B. die feiernde Gemeinschaft im Gottesdienst der Gemeinde, den täglichen, reifen Umgang mit der Heiligen Schrift und die verschiedenen Formen des Betens. Spiritualität wird unterschiedlich beschrieben, z. B. als „gelebte Grundhaltung und Hingabe des Menschen an Gott" (G. Greshake), als „Integration des gesamten Lebens in eine vom Glauben getragene und reflektierte Lebensform" (Institut der Orden) oder als „Verwirklichung des Glaubens unter den konkreten Lebensbedingungen" (P. M. Zulehner).

1975 wurde in Taizé unter der Überschrift „Meditation und Engagement" eine „Spiritualität für den Kampf" entwickelt. Im selben Jahr hat der Rat der Evangelischen Kirche in Deutschland durch eine Kommission eine Studie über „Evangelische Spiritualität" erarbeiten lassen und diese mit sieben Empfehlungen an die Gliedkirchen und Gemeinden der EKD weitergeben lassen: Kommunitäten und Zentren geistlichen Lebens sollen regelmäßig besucht werden, Spiritualität habe in allen Ausbildungsphasen des Theologen stärkere Beachtung im Nachdenken über geistliches Leben zu finden und solle auch mit den verschiedenen Arten von Mitarbeitern in der Kirche eingeübt werden. Nicht nur bei Kirchentagen, Evangelisationen und Glaubenskursen, sondern in sämtlichen Bereichen der Gemeindearbeit habe Spiritualität ihre Bedeutung und müsse eingeübt werden. Erstmals in der evangelischen Kirchengeschichte ist in dieser Studie Spiritualität thematisch und programmatisch untersucht worden.

Spiritualität wird hier von Frömmigkeit unterschieden: Frömmigkeit meint den gelebten persönlichen Glauben des einzelnen, Spiritualität jedoch zielt auf eine Lebenshaltung, die zwar den einzelnen im Blick hat, ihn aber in gestaltete Lebensvollzüge christlicher Gemeinde hineinnimmt. Spiritualität „schließt so Glaube, Frömmigkeitsübung und Lebensgestaltung zusammen und bietet darin eine Alternative zu spätprotestantischer, entweder einseitig wortorientierter oder ebenso einseitig handlungsorientierter oder ebenso einseitig stimmungsorientierter Frömmigkeit". Spiritualität umschließt also Inhalte (z. B. das Glaubensbekenntnis), Vollzüge (Frömmigkeitsübungen) und konkrete, anbietbare Gestaltwerdungen des Christseins (z. B. in Einkehrtagen, Cursillos an Wochenenden usw.). Immer wieder hat es Frömmigkeitsaufbrüche innerhalb der Erweckungsbewegungen gegeben, die einzelne Menschen verwandelt haben und durch die ganze Gemeinden erneuert wurden. Spiritualität zielt also auf Frömmigkeit als Wir-Frömmigkeit mit bestimmten gestaltgewordenen Liturgien, Lebensformen u. a.

Wie Spiritualität die Dimension des christlichen Glaubens meint, die auf eine Gestaltwerdung in Gemeinschaft der Jünger zielt, so gibt es in der Kirchengeschichte durchaus unterschiedliche Gestaltungsformen der Spiritualität, die sich nach der Geographie (östlich – westlich), nach dem Grad der Verbindlichkeit (volkskirchlich, kommunitär lebend) bzw. nach inhaltlichen Schwerpunkten (Heilige Schrift, Liturgie, Kontemplation) aufgliedern lassen.

Die erwähnte Studie benennt „drei Stränge erneuerter Spiritualität:
- die bibelorientierte, evangelistische Spiritualität, welche der charismatisch-pfingstlichen Spiritualität verwandt ist,
- die liturgisch-meditative Spiritualität, die sich z. B. in den evangelischen Kommunitäten neu entfaltet hat, und schließlich
- die emanzipatorisch-politische Spiritualität, die sich auf die prophetischen Traditionen beruft und in die Solidarität mit den Armen stellt".

Natürlich sind dies Typisierungen, die in der Alltagswirklichkeit selten unvermischt begegnen. Sicherlich läßt sich auch von vorkonfessioneller und konfessioneller Spiritualität sprechen, von monastischer und liturgischer Spiritualität, die im katholischen Bereich breit ausgefächert ist. Es gibt eine biblische Spiritualität und in ihr eine alttestamentliche und neutestamentliche. Es gibt innerhalb der evangelischen Spiritualität eine lutherische, reformierte, pietistische, baptistische Ausformung und natürlich auch eine ökumenische Spiritualität, die in der Gegenwart noch nicht nachkonfessionell ist, dies aber zu werden hofft. Nicht zuletzt gibt es auch eine christliche Feiertags- und Alltagsspiritualität mit konkreten Glaubenshilfen und Lebensangeboten. In mancherlei Hinsicht ist Alltagsspiritualität mit den verschiedenen Lebensstil-Bewegungen der säkularen Welt vergleichbar.

Spiritualität gibt es, seitdem es Kirche gibt, in mannigfachen Ausformungen, Differenzierungen, gelegentlich auch Verkürzungen. Sie beginnt mit Jesus selbst, der Urheber und Ziel christlichen Lebens ist. In ihm wird der Anbruch des Gottesreiches, eine unerhörte Vollmacht in Wort und Tat über die Herrscher der Erde erfahrbar, in ihm wird die Gegenwart Gottes als Geistgegenwart des Auferstandenen bleibend und endgültig verkündigt. Im Raum der Kirche als dem Leib Christi lebt diese unter Wort und Sakrament weiter. In der Urgemeinde und in der weiteren Kirchengeschichte setzt sich solche Geistgegenwart fort: im Mut zum Christuszeugnis, im Einsatz der vielfältigen Gnadengaben, in der Entfaltung des Gottesdienstes, der Schriftauslegung und der Gemeindeethik.

Nach der konstantinischen Wende brachen immer wieder Gegenbewegungen z. B. im Mönchtum auf, die für eine Kurskorrektur der ganzen Kirche, zumindest aber für alternative Lebensformen sorgten. So fand die Scholastik ihre lebendige Kehrseite in der Mystik und dann in der „Neuen Frömmigkeit". Oft genug, z. B. bei Meister Eckhart und Bonaventura, wurde beides vom selben Theologen vertreten, so daß Mystik auch als Spiritualität der Scholastik verstanden werden kann. Das Auseinandertreten von Scholastik und Mystik im späten Mittelalter zeigt, daß sich Denken und Leben des Glaubens mehr und mehr voneinander zu lösen begannen.

Die Reformation, am stärksten bei Martin Luther sichtbar, hat eine in der Existenzmitte des Glaubens betroffene und geprägte Spiritualität entfaltet und öffentlich vertreten. Durch die Übersetzung der Bibel ins Deutsche gelang ein persönlicher Umgang mit der Heiligen Schrift; durch die Gemeindechoräle, die Einführung der Predigt im Hauptgottesdienst und durch die deutschsprachige Liturgie wurde die ganze Gemeinde am Gottesdienst beteiligt. Später haben interne Auseinandersetzungen zwischen den Theologen der Reformation den Neuanfang um seine Frucht gebracht. So geriet die reformatorische Spiritualität noch im 16. Jahrhundert in das Korsett einer Lehrorthodoxie und dann eines aufgeklärten Rationalismus. Der Frühpietismus, z. B. Speners und Franckes, bedeutete zwar einen neuen Aufbruch, aber er umfaßte nicht mehr die ganze Kirche, sondern nur noch einzelne Gruppen, manchmal nur einzelne Christen. Die Ausbreitung auf die Kirche als ganze blieb begrenzt, und die pietistische Frömmigkeit stand oft in Gefahr, formalistisch-ängstlich und gesetzlich-eng zu werden.

Dies gilt auch für die Erweckungsbewegungen im Neupietismus während des 19. Jahrhunderts. Erst der äußere Zwang der nationalsozialistischen Bedrängung hat die Kirche wieder zur Besinnung auf ihre Fundamente geführt und in die „Bekennende Kirche" aufbrechen lassen. Die „geistliche Erneuerung des Pfarrerstandes und der Gemeinden" stand nicht nur auf dem Papier der Barmer Bekenntnissynode 1934, sondern prägte größere Teile der Pfarrerschaft und der Gemeinde im Kern. Auch die 1925 einsetzende und sich nach 1945 verstärkende kommunitäre Bewegung innerhalb der evangelischen Kirchen hat eine neue Spiritualität befördert und Orte zur Einkehr und Sammlung angeboten.

Seit 1975 hat es an verschiedenen Orten einen neuen, eher stillen Anfang der Sammlung um gestalteten Glauben im Umgang mit Wort und Sakrament, im Bereich einer persönlichen Frömmigkeit und einer Wir-Spiritualität gegeben. Zahlreiche Impulse für das geistliche Leben verdanken sich dieser Bewegung, die deswegen auch Erwähnung verdient. Über Meditationserfahrungen und Einkehrtage, über keineswegs nur theoretisches Interesse an Spiritualität und Mystik, über neue Gemeinschaften und Bewegungen, die daraus entstanden sind, hat sich dieser in der Regel interkonfessionelle Aufbruch bis in die Gegenwart hinein gehalten.

VON DER ERFAHRUNG DES GLAUBENS – WACHSEN UND REIFEN IM CHRISTSEIN

Immer wieder begegnen uns Menschen, deren Glaube Freude und Gewißheit atmet. Ihr Christsein wirkt anziehend und einladend, und man spürt es ihnen ab, ihr Glaubenszeugnis besteht nicht nur aus Gedanken und Worten, sondern hat Erfahrung und Grund. Erkundigt man sich wenige Monate oder Jahre später nach diesen ermutigenden Christen, kommt oft genug die Antwort: Sie haben sich leider wieder von der Gemeinde entfernt und sind in die Unausdrücklichkeit volkskirchlichen Christseins zurückgegangen.

Was ist geschehen? An der Echtheit ihres früheren Lebenszeugnisses besteht kein Zweifel, doch sie haben nur Erlebnisse und keine Erfahrung gemacht oder lediglich „kleine, nicht große Erfahrungen", wie Graf Dürckheim es beschreibt. Diese Unterscheidung, aber auch die andere zwischen Erlebnis und Erfahrung ist wichtig und weiterführend: Erfahrung meint verarbeitetes Erleben; sie braucht Zeit und Mühe, sie ist nicht von heute auf morgen zu haben. Erfahrung ist wie eine Perlenkette, die die Erlebnisse als Perlen trägt und diese in einen Zusammenhang, die Schnur, bringt und damit erst zu einer schönen Kette macht. So eindrucksvoll Erlebnisse sein können, sie gehen leicht und rasch verloren. Glaubenserlebnis und Glaubenserfahrung sind nicht dasselbe.

Die gegenwärtige Gesellschaft wird oft „Erlebnisgesellschaft" genannt. Soziale, kulturelle und persönliche Zusammenhänge nehmen mehr und mehr ab. Erfahrungen ergeben sich im Genuß und in der Selbsterfahrung; beides aber ist vergänglich und bestenfalls Hinweis auf die anhaltende Suche nach Geborgenheit und Liebe. Konflikte und selbstkritische Anfragen werden – selbst im religiösen Bereich – immer unerwünschter; auch Gottesdienste sollen in Liturgie und Predigt „Spaß" machen, schön und spannend sein. Die Erfahrungen, die der Glaubende macht, passen in diese Erwartungshaltung nicht hinein: immer auf dem Weg sein, immer am Anfang, immer in der Spannung zwischen Scheitern und Gelingen, zwischen Erfahrung und Nichterfahrung Gottes leben – wer hält das schon durch!

Deshalb sei auf die Unterscheidung zwischen *experientia* und *experimenta* hingewiesen. Unter Experimenten verstehen wir die vielen, alltäglichen und manchmal auch besonderen Erlebnisse, die Menschen tagaus tagein machen. Erfahrung (experientia) hat dagegen Gott zum Subjekt: Er kommt und wendet sich seiner Schöpfung zu; er spricht sein Vertrauen zur Welt unüberhörbar aus, indem er Menschen von Abraham bis zu Johannes dem Täufer, von Paulus bis in die Gegenwart hinein verwendet und ein für allemal im Gottesmenschen Jesus Christus anschaubar wird und uns Menschen erstmals und immer wieder neu zum Glauben bringt. So ist unsere Erfahrung zuerst passiv wie Rechtfertigung und Glauben auch: Gott beschenkt mich, indem er auf Christus blickt und mich gerecht spricht, indem sein Vertrauen zu mir bei mir Wurzeln schlägt und mich zum Glauben bringt. „Ich glaube, daß ich nicht aus eigener Vernunft noch Kraft an Jesus Christus, meinen Herrn, glauben oder zu ihm kommen kann, sondern der Heilige Geist hat mich durch das Evangelium berufen . . ." (Martin Luther, Kleiner Katechismus). „Gott imponiert sich selbst", so formuliert es Karl Barth.

Die von Gott in Gang gesetzte Vertrauensbeziehung hat allerdings ihre unmittelbare Wirkung im Menschen: ich komme zur Entscheidung, zur Umkehr, zur Gewißheit, zur Freude und zum Bekenntnis des Glaubens. All das wird zwar in Zeiten der Dunkelheit und Versuchung auf den Prüfstein gestellt, aber Glaube hält durch und bekommt zunehmend Tiefe. Das Fundament, auf dem das Haus des Glaubens steht, wird fester und tragfähiger, der Strom des Glaubens breiter und tiefer. Durch Gotteserfahrung kommt es zur Glaubenserfahrung und umgekehrt, so könnte die Reihenfolge lauten. Mein Bekenntnis lautet dann: Ich bin gerne Christ. Solche Gotteserfahrung hat immer auch mit Selbsterfahrung des Glaubenden zu tun, in dem Sinne nämlich, daß Gott zur Mitte meines Lebens wird (der Christus in mir, Gal 2, 20) und ich das zu leben versuche, was göttlich ist und dem Leben in Christus entspricht (Mt 16, 23; Phil 2, 5). Von hier aus gewinnt das tiefsinnige, oft mißverstandene Herrenwort seinen Sinn: „Wer sein Leben erhalten will, der wird's verlieren, wer aber sein Leben verliert um meinetwillen, der wird's finden" (Mt 16, 25).

Martin Luther hat den Erfahrungscharakter des Glaubens – wie wenige Theologen vor ihm und nach ihm – eindrucksvoll beschrieben und – gelebt. In seiner Umwelt hat „Erfahrung des Glaubens" nahezu keine Bedeutung gehabt. Dagegen wird für Luther Erfahrung zur Signatur seiner Existenz vor Gott. Zwischen 1517 und 1522 begegnen die Worte *Erfahrung* zweihundertmal, *erfahren* (als Verbum und Adjektiv) zweihundertdreißigmal, *fühlen* fünfhundertzehnmal, *Affekt* fünfhundertmal, *Herz* tausendsechshundertmal. Und 1531, unmittelbar nach dem Augsburger Grundbekenntnis (allein aus Gnade, aus Glauben, aus der Schrift und alles in allem allein durch Christus) ergänzt Luther: „Allein die Erfahrung macht den Theologen." Er meint dabei, daß Gottesbegegnung immer ganzheitlich – personal ist, Denken und Empfinden, Vernunft und Willen, eigene Betroffenheit und Verantwortung gegenüber der Welt miteinander verbindet. Erfahrung des Glaubenden wird so ein unausbleiblicher Reflex auf die Erfahrung, die Gott selbst im Menschen begründet.

Noch kurz vor seinem Tod (1545) hat Luther in bewegten und bewegenden Worten seine Theologie aus Erfahrung heraus – im Blick auf seinen reformatorischen Durchbruch – beschrieben:

„Wenn ich auch als Mönch untadelig lebte, fühlte ich mich vor Gott doch als Sünder, und mein Gewissen quälte mich sehr. Und da ich nicht darauf vertrauen konnte, Gott durch meine Genugtuung zu versöhnen, liebte ich ihn nicht, ja, ich hatte sogar einen Widerwillen gegen den gerechten und die Sünder strafenden Gott ... So wütete ich wild und mit verwirrtem Gewissen, jedoch klopfte ich rücksichtslos an dieser Stelle (Röm 1, 17) bei Paulus an; ich dürstete glühend zu wissen, was Paulus wolle. Da erbarmte sich Gott meiner."

Überaus eindrucksvoll bringt Luther noch 30 Jahre später seine persönliche Betroffenheit zum Ausdruck. Gottes Erbarmen wird ihm weder durch eine Himmelsstimme noch eine Erleuchtung aufgrund mystischer Versenkung zuteil, sondern durch die beruflich gebotene Arbeit am Text und die geistliche Bereitschaft, Gott die Auslegung zu überlassen und die Schrift als an ihn ergehendes Wort zu vernehmen.

„Da fühlte ich mich wie ganz und gar neu geboren, und durch offene Tore trat ich in das Paradies selbst ein. Da zeigte mir die ganze Schrift ein völlig anderes Gesicht. Ich ging dann die Schrift durch, soweit ich sie im Gedächtnis hatte, und fand auch bei anderen Worten das gleiche, z. B.: Werk Gottes bedeutet das Werk, welches Gott in mir wirkt ... Mit so großem Haß, wie ich zuvor das Wort Gerechtigkeit Gottes gehaßt hatte, mit so großer Liebe hielt ich jetzt dies Wort als das allerliebste hoch. So ist mir diese Stelle des Paulus in der Tat die Pforte des Paradieses gewesen."

Nicht nur intellektuelle Erkenntnis, sondern ganzheitliche Erfahrung und personaler Vollzug brachten die „Wende" zustande: „Durch offene Tore ... *trat ich selbst* ein." Geschenkter Glaube und geschenkte Erfahrung ergänzen und vertiefen einander und bleiben aufeinander bezogen.

So entwickelt sich im geistlichen Leben tragfähige Gotteserfahrung, die dankbar für tägliche Erlebnisse mit Gott ist, aber auch um die Verborgenheit Gottes und das Hinken des Glaubens weiß. Gott wird dann nicht mehr Problem und Diskussionsgegenstand, sondern Reden von Gott und Reden mit Gott finden zueinander und lassen den Auferstandenen im Überschuß des Lobpreises als gegenwärtig erfahren. Am „Nullpunkt des Kreuzes" setzt solche Erfahrung an und führt den Glaubenden immer neu zur „Umkehr in die Anbetung, Umkehr in das Wort Gottes, Umkehr in das Sakrament und Umkehr in die Diakonie" (Klaus Hemmerle), zu einer Erfahrung also, die Gott und das Christsein schön und reizvoll macht.

Glaubenserfahrungen als Wegerfahrungen

Schon in der Apostelgeschichte hat Lukas die Christen als „Menschen auf dem Weg" (Apg 9, 2: Anhänger des neuen Weges) bezeichnet. Das Bildwort vom Weg charakterisiert Leben und Wirksamkeit Jesu (Lk 9, 58: Der Menschensohn hat nichts, wo er sein Haupt hinlegt; Joh 14, 6: Ich bin der Weg). Das „Pilgern für Christus" *(peregrinatio pro Christo)* wurde im frühen Mittelalter zum missionarischen Programm, und Luther hat Christsein und Unterwegs-Sein gleichgesetzt:

„Dies Leben ist nicht ein Frommsein, sondern ein Frommwerden, nicht ein Gesundsein, sondern ein Gesundwerden, überhaupt nicht ein Sein, sondern ein Werden, nicht eine Ruhe, sondern eine Übung. Wir sind's noch nicht, wir werden's aber. Es ist noch nicht getan und geschehen, es ist aber im Schwang. Es ist nicht das Ende, es ist aber der Weg" (WA 7, 337, 30, 1521).

Immer wieder im geistlichen Leben sind Pilger- und Weggeschichten zu Glaubensermunterungen geworden. Wer auf dem Weg ist, vertraut sich dem Sendenden an, kann nicht viel Gepäck tragen, braucht klare, einfache Weisungen statt unübersichtlicher Lebensumstände, achtet auf die Mitgehenden und Entgegenkommenden.

Die von Hans Künzler erzählte Geschichte vom „Wunderknaben" sei in Erinnerung gerufen:

„Es war einmal ein Wunderknabe, der im zartesten Alter schon die ganze Welt erkannte. Unter der Tür des Elternhauses wußte er über alles Bescheid, und von weither kamen die Menschen, um ihn sprechen zu hören und um seinen Rat zu holen. Er war zum Glück auch ein glänzender Redner und ließ den schwierigsten Fragen die größten Worte angedeihen, und manchmal auch die längsten. Man wußte nicht, woher er sie hatte. Sein Ruf ging in die Welt hinaus, und bald wollte man überall von seinem Wissen profitieren . . .

Dann aber machte er sich auf die Wanderschaft und nahm sich vor, die ganze Welt, über die er immer gesprochen hatte, nun auch zu berühren. Doch kaum eine Stunde von zu Hause weg kam er an einen Kreuzweg, der ihn zwang, zwischen drei Möglichkeiten zu wählen . . . Er ging geradeaus weiter und mußte dabei links ein Tal und rechts ein Tal ungesehen liegen lassen. Schon war seine Welt zusammengeschrumpft. Auch bei der nächsten Gabelung büßte er Möglichkeiten ein, und bei der dritten, und bei der vierten. Jeder Weg, den er einschlug, jede Wahl, die er traf, trieben ihn in eine engere Spur. Und wenn er auf den Dorfplätzen sprach, wurden die Sätze immer kürzer. Die Rede floß ihm nicht mehr wie einst, als er ins Freie gegangen war. Sie war belastet von Unsicherheit über das ungegangene Land, das er schon endgültig hinter sich wußte.

So ging er und wurde älter dabei, war schon längst kein Wunderknabe mehr, hatte tausend Wege verpaßt und Möglichkeiten auslassen müssen. Er machte immer weniger Worte, und kaum jemand kam noch, um ihn anzuhören. Er setzte sich auf einen Meilenstein und sprach nur noch zu sich selbst: Ich habe immer nur verloren: an Boden, an Wissen, an Träumen. Ich bin mein Leben lang kleiner geworden. Jeder Schritt hat mich von etwas weggeführt. Ich wäre besser zu Hause geblieben, wo ich noch alles wußte und hatte, dann hätte ich nie entscheiden müssen und alle Möglichkeiten wären noch da.

Müde, wie er war, ging er dennoch den Weg zu Ende, den er einmal begonnen hatte. Es blieb ja nur noch ein kurzes Stück. Abzweigungen gab es jetzt keine mehr, nur eine Richtung war noch übrig, und von allem Wissen und Reden nur ein einziges letztes Wort, für das der Atem noch reichte. Er sagte das Wort, das niemand hörte, und schaute sich um und merkte erstaunt, daß er auf einem Gipfel stand. Der Boden, den er verloren hatte, lag in Terrassen unter ihm. Er überblickte die ganze Welt, auch die verpaßten Täler, und es zeigte sich, daß er im Kleiner- und Kürzerwerden ein Leben lang aufwärts gegangen war."

Das von Hans Künzler erzählte und von vielen anderen aufgenommene Kunstmärchen erlaubt mehrere Unterstreichungen zu unserem Thema:

– Nicht wer weiß, sondern wer sich auf den Weg macht, lernt die Welt kennen, wie sie ist, und wird so ein lebendiger Mensch.

– Unterwegs erst ergibt sich, daß jeder Weg immer neue Entscheidungen verlangt und andere Wege ungegangen bleiben müssen. Gehen macht allerdings auch müde, zwingt zur Rast – nicht nur am Abend oder bei Gewitter –, zur neuen Orientierung, damit man vorankommt, zur Vorsicht, damit man nicht stürzt. Nur auf den ersten Blick erscheint Gehen als einfach und jedem Menschen gegebene Lebenszutat: Wir können auch liegen bleiben, stehen oder laufen statt zu gehen. Alles hat in sich seinen eigenen Sinn, wird aber zur Fehlhaltung, wenn Gehen und nichts als das angezeigt ist. Der „aufrechte Gang" ist nicht zufällig zur Wesensbestimmung des Menschen geworden. Und jeder Gehvollzug zeigt auch die Grenzen des Gehenden auf.

– Leben ist seiner Bestimmung nach Lebensweg. Aber nur der Idealist wird, wenn es stiller und einsamer wird, sagen: „Ich habe immer nur verloren." Die Schritte, die der Wanderer geht, führen ja nicht nur weg von den Dingen, sondern auch hin zu anderen. Einsamkeit ist zur Reifung ebenso notwendig wie Gespräch und Gemeinschaft, und wäre der Wunderknabe wirklich zu Hause geblieben, hätte er nur spekuliert und geredet, aber sich nie auf den Weg gemacht; alle Möglichkeiten wären zwar noch da, aber niemals hätte er wirklich gelebt. Denn eben das meint Leben: aus den tausend Möglichkeiten einen einzigen Weg, einen Beruf, eine Frau, einen Mann, unseren Gott wählen, der uns längst vor die Wahl gestellt hat.

Auch der Verzicht auf gelebtes, begangenes Leben gehört zur Realität vieler Menschen. „Wirklichkeit" aber steht zwischen den vielen Möglichkeiten (Idealitäten) und der einen pragmatisch-banalen Realität. Daß ich im letzen Jahrzehnt des 20. Jahrhunderts lebe, verbindet mich mit unzähligen anderen Menschen als Realität, aber meine einzigartige Wirklichkeit besteht darin, wie ich mein persönliches Leben gestalte. Zu

Gottes Willen mit mir wirklich einwilligen und meinen eigenen Weg wirklich gehen, kann zwar Irrwege, Umwege und Abwege in sich schließen, Rückwege und Neuanfänge ebenfalls, aber genau darin besteht meine Wirklichkeit, mit der ich liebevoll und reifend umgehen soll, mein eigener, lebendiger Lebensweg.

– Der Wunderknabe geht den begonnenen Weg entschlossen zu Ende. Entscheidung und in Erfahrung gereifte neue Entscheidung gehört zu jedem Leben dazu. Entschlossenheit meint die Durchhaltekraft der Entscheidung, den Mut und die Gelassenheit, im Tunnel weiterzugehen und auf Licht und Ausgang zuversichtlich zu hoffen. Entschlossenheit knüpft meistens an Müdigkeit, Enttäuschung, Scheitern an, sie hilft jedoch, weiterzugehen und den Berggipfel zu erreichen.

Vielleicht ist der Schluß des Märchens zu schön und zu ideal. Keineswegs nämlich geht das Leben immer „aufwärts", keineswegs läßt sich die „ungegangene, verpaßte Welt (am Lebensende) immer überblicken". Überhaupt erhält Gehen seinen Sinn nicht vom Ankommen, vom erreichten Ziel her. Dann wäre Gehen nur Mittel zum Zweck und nicht eigenes Leben. Ebensowenig aber liegt der Sinn des Gehens im Gehen und in nichts anderem. Das bedeutet die Auslöschung aller individuell so unterschiedlichen Wegvollzüge und des je persönlichen, einmaligen Lebens, das wir Menschen übernehmen und gestalten.

In der Heiligen Schrift gibt es verschiedene Wegerfahrungen, von denen hier nur wenige erwähnt werden können. „Im Gehen werden die zehn Aussätzigen rein und gesund" (Lk 17, 14, von Jesus auf den Weg geschickt.) Im Gehen erfahren die beiden Jünger auf dem Weg nach Emmaus Zugesellung, Orientierung und Offenbarung, und sie werden sogleich wieder

Gehende zu den übrigen Jüngern hin (Lk 24, 14. 17. 24. 25. 32. 33). Im Vertrauen auf den Ruf Jesu ging Petrus über die Wogen des galiläischen Meeres (Mt 14, 29). Gehen hat es in den Glaubensgeschichten der Bibel immer mit Begegnung und deren Konsequenzen zu tun. Wer glaubt, bleibt nicht sitzen, sondern steht auf und geht.

Glaubenserfahrungen als Übungserfahrungen

Wer eine ungebahnte Landschaft betritt, wird sich zunächst an der Ursprünglichkeit der Natur und ihrer Wildnis freuen. Bald aber merkt er, daß Wildnis verschlossen, unzugänglich bleibt, wenn man keine Wege in sie hineinbahnt. Das beginnt mit Trampelpfaden, die man immer wieder hin und zurück geht, bis das Gras liegen bleibt und das Dickicht eine Spur frei gibt, die Bestand hat und weiteres Eindringen ermöglicht. Welche Befriedigung, welche Freude, wenn sich auf diese Weise nach und nach unbekanntes Terrain erschließt.

Ähnlich wie mit der Natur verhält es sich mit der Kultur. Besuchen wir Städte wie Rothenburg oder Toledo ein erstes Mal, so werden wir gebannt sein von der Schönheit der Straßen, Plätze und Kirchen. Aber nur dem, der wiederkommt und Zeit mitbringt, erschließen sich die eher verborgenen Reize solcher Städte, indem man immer wieder, von dieser und jener Stelle aus die Gassen „be-geht", anhält, schaut und etwas von dem inneren Leben der Stadt verspürt. Wiederholung gehört zur Vertiefung des Eindrucks dazu.

Pablo Casals erzählt in seinen Erinnerungen, daß er mit seinem Vater auf dem Flohmarkt von Madrid die verschollenen Cello-Suiten Johann Sebastian Bachs fand, diese wie ein Heiligtum nach Hause trug und zwölf Jahre übte, bis er sie der Öffentlichkeit präsentierte. Kein bedeutender Musiker übt nicht stundenlang täglich, bevor er ein Konzert gibt. Viele Künstler spielen komplizierte Partituren auswendig, ein Zeichen dafür, in welchem Maße sie sich Musik zu ihrer Musik, sich selbst zu eigen gemacht haben, bevor sie diese dann möglichst kongenial interpretieren können – alles durch Übung.

Für viele andere Berufe gilt ähnliches. Niemand wird Spitzensportler, der nicht stundenlang trainiert. Kein Chemiker, der nicht mit immer neuer Geduld seine Versuchsreihen durchführt, wird Erfindungen machen. Niemand, der sich auf autogenes Training einläßt, wird ohne regelmäßige Übung die Früchte ernten.

Kurzum, Lernen gehört zum Leben, und Lernen ist ohne Üben nicht zu haben. Es reicht nicht aus, vieles zu kennen. Nur was ich geübt habe, bewährt sich im Alltag und übersetzt sich in Können. Was taugt ein „Lesemeister", der nicht auch „Lebemeister" wird! Warum benötigt ein Mönch ein dreijähriges Noviziat, bevor er die ewigen Gelübde ablegt? Drei Jahre sind eine lange Zeit, in der sämtliche Illusionen verschwinden. Warum heißen „Jünger Jesu" – dem Grundsinn des Wortes nach – „Lernende"? Sie üben sich darin ein, einen Meister zu haben und zuerst nach dessen Willen zu fragen. Immer wieder erzählen die Evangelisten, wie schwer es selbst den Jüngern aus dem engsten Kreis um Jesus fiel, in seinem Geist zu leben: sie wiesen Kinder und deren Mütter aus Jesu Nähe zurück, sie stritten sich über ihre Rangstellung im Jüngerkreis und wollten Jesus von seinem Weg in Leiden und Tod abbringen. Die Paulusbriefe vermitteln ein ähnliches Bild. Wenn Jesus selig spricht, die Gottes Wort hören *und bewahren* (Lk 11, 28), wenn Paulus auf sein tägliches Sterben (1 Kor 15, 31) verweist und Luther Jesu Aufforderung „Tut Buße" (Mt 4, 17) so auslegt, daß nach Jesu Willen „das ganze Leben der Gläubigen Buße sein sollte", dann kommt darin der Einübungscharakter des Glaubens zum Ausdruck.

Beziehungen sind zu pflegen, damit sie stabil werden und sich vertiefen, Glaubensbeziehungen auch. Wir Christen sind füreinander Ausdruck der Wirklichkeit Gottes, deshalb kommen wir zusammen und *bleiben beständig* in der Apostellehre und in der Gemeinschaft, im Brotbrechen und Gebet" (Apg 2, 42). Sehr früh schon wird z. B. der Gottesdienstbesuch zum Bewährungsfeld des Glaubens, zur „Sonntagspflicht": Pflicht wird, was man – überzeugt, jedenfalls undiskutiert, manchmal auch gern – zu tun „pflegt", nämlich sonntags und darüber hinaus den Gottesdienst zu besuchen. Die Begegnung mit Mitchristen, auch mit unsympathischen, die Beteiligung an dem liturgischen Weg der Kirche, der bis in die Anfangszeit zurückführt, Beheimatung bietet und aus der Atemlosigkeit des immer Neuen herausnimmt, der Umgang mit Wort und Sakrament, Fürbitte und Hilfe gegenüber den Menschen in Not (Kollekte, Projekte), all dies sind Einübungsvorgänge in Christsein. Deshalb mahnt der Hebräerbrief eindringlich – mitten in hochtheologischen Zusammenhängen –, „die Versammlungen nicht zu verlassen" (Hebr 10, 25).

Üblicherweise sprechen Kirchenhistoriker statt von der Missionierung von der Christianisierung der Germanen und meinen damit, daß die einzelnen Stämme nicht aus Überzeugung, sondern aus Treue gegenüber ihrem Herzog oder König den christlichen Glauben angenommen haben. Weithin war es nicht gelungen, aus formaler Zugehörigkeit zur Kirche innere Beteiligung am Glauben zu machen. Karl der Große übte deshalb Apostolicum und Vaterunser als eiserne Ration ein, die jeder Christ kennen mußte, und für die Reformatoren war es der Katechismus, der seit dem 17. Jahrhundert in regelmäßigem Konfirmandenunterricht befestigt wurde. Für Priester und Mönch übernahm das ausführliche tägliche Brevier bzw. Stundengebet intensive Einübung in Glauben; seit der Reformation traten regelmäßige Schriftlesung, Schriftbetrachtung und Gebet an deren Stelle bzw. dazu.

Doch oft genug blieb diese Regel ohne Einlösung durch täglichen Vollzug. Für wenige bedeutete der Verzicht darauf Belastung der Gewissen, so daß gelegentlich – völlig sinnwidrig – vierzehn Tage Breviergebet nachgeholt wurden. Für die meisten anderen erfolgte der Verzicht auf eine geregelte Zeit vor Gott unter Berufung auf die „evangelische Freiheit", wobei sich bald als Erfahrung ergab, daß eigentlich nichts Besonderes fehlte, wenn man die geistlichen Übungen unterließ. Welch ein Irrtum!

Mit dem Fortschrittsglauben der Aufklärung wuchs das Verlangen nach immer Neuem, nach Abwechslung, nach ständiger Unterbrechung des Gewohnten. Alle Regelmäßigkeit im Arbeits-, Beziehungs- und Gottesdienstbereich wurde eher als Last empfunden, die den Menschen unfrei macht. Die Freizeitgesellschaft versprach ihren Anhängern ein zweites, uneingeschränktes Leben nach dem Beruf. Zwar zeigte sich bald, daß auch dieser Bereich nicht ohne Gesetzmäßigkeiten und Strukturen auskam, aber man konnte sich – bei Nichtbeachtung des Fahrplans, wenn man verreisen wollte (last minute flight), oder bei Verabredungen, die gestern erst zustande kamen – das Gefühl einer (Pseudo-)Freiheit vermitteln. Daß darüber kontinuierliche Beziehungen zerfielen, Überzeugungen zerfaserten, Traditionen ihre Bedeutung und ihre Tragkraft verloren, nimmt man – im postmodernen Pluralismus – in Kauf.

Für Kirche und Glaubensvermittlung hatte diese Entwicklung erhebliche Konsequenzen. Religionsunterricht soll nur noch informieren, aber in bewußter Distanz zu jeder Glaubensüberzeugung. Kirchlicher Unterricht hat sich weithin der Bedürfnisgesellschaft angepaßt und auf Lernen von Psalmen und Chorälen, biblischen und katechismusartigen Grundbeständen verzichtet. Wen wundert, daß es dann weder zu Erlebnissen mit Gott kommt, geschweige denn zu verdichteter Erfahrung. Der Weihnachtsgottesdienst, die alle zwei Jahre stattfindenden Kirchentage und gelegentlich Reisen nach Taizé vermitteln für viele Zeitgenossen oft die einzige Begegnung mit Religion und Gott. Desinteresse, Beliebigkeit, jedenfalls aber Privatheit des eigenen Standpunktes sind selbstverständliche Folgen. „Er zweifelte sich seinen Glauben zurecht und trat aus der Kirche aus."

Unter solchen Verhältnissen kann geistliches Leben nicht gedeihen. Die Heilige Schrift erzählt davon, daß die gesamte Heilsgeschichte immer neues Anfangen, neues Einüben Gottes mit uns Menschen ist. Immer wieder erlebt er neue Enttäuschungen – mit Adam und Noah, mit seinem Volk in der Wüste, mit Elia und Jona. Mit Worten der Strenge und Seilen der Liebe hat Gott sein Volk durch die Propheten, durch das Exil in Babylon, durch Siege der Heiden zu sich zurückgerufen, doch immer vergeblich, wie es schien. Aber Gottes Barmherzigkeit triumphierte immer neu, zuletzt in Jesus Christus und seiner Menschwerdung. Gott ist seine Geschöpfe nicht leid geworden; immer neu geht er ihnen nach und bietet Treue und Leben an. Vergebung ist nicht zählbar; Gott hat das längst selbst bestätigt, bevor er durch Jesus die Jünger auf die siebenmal siebzigmalige, d. h. die immerwährende Vergebung hinwies (Mt 18, 22). Gottes Liebe ist vielfach bewährt und geübt.

Ebenso zeigt die Bibel, wie der Mensch von Schöpfungstagen an übt, mit Gott umzugehen, sein zögerndes Ja zu Gott zu erproben und zu bewähren, jede Erinnerung an früher vollzogenen Bundesschluß, z. B. im Versöhnungsfest Israels oder in der Taufe des Kleinkindes, zu einem neuen Anfang werden zu lassen und die dargebotene Hand Gottes zu ergreifen (2 Chro 30, 8). In Orientierung an Jesus, seinem Leben und Wirken, übt sich der Nachfolger in die Wirklichkeit Gottes, in Liebe, Vertrauen, Vergebungsbereitschaft ein und erfährt – oft unmerklich – Verwandlung in Gottes Bild.

Übung und Leben sind synonym, gleichsinnig: Wer sich nicht ändern läßt, wird wandlungsunfähig und verhärteten Herzens (Hebr 3, 13–16), ist tot, selbst wenn er noch lebt. Wir können nur das, was wir üben: Beten und Glauben, Hoffen und Lieben. „Tue das, so wirst du leben" (Lk 10, 20) meint: Laß dich darauf ein und lebe, was du weißt; übe Gerechtigkeit wie der barmherzige Samariter, sprich mit dem anderen und ermutige ihn, sonst lernt er nicht sprechen, lieben, gehen.

Wenn Jesus ermuntert, von ihm zu lernen (Mt 11, 29), bedeutet das: Übt euch an meinem Leben auf Leben ein, auf Hören, Gehören und Gehorchen, wie ich selbst, z. B. in Gethsemane, Gehorsam gelernt habe (Hebr 5, 8). Jesus lehrt nicht etwas, sondern sich selbst und den Umgang mit ihm. Deshalb haben Jünger Jesu nie ausgelernt und wechseln den Lehrer nicht: einer ist euer Meister, Christus (Mt 23, 10). Sie wenden sich ihm immer neu zu, reden ohne Unterbrechung mit ihm (1 Thess 5, 17) und lassen sich von ihm prägen.

Es gibt in der Kirchengeschichte einen Theologen, der die Übung im Christsein zu seinem Lebensthema gemacht hat: Ignatius von Loyola. Durch seine kleine Schrift „Geistliche Übungen" wirkt er bis in die Gegenwart hinein. Er empfiehlt den Gläubigen, je und dann – und seinen Ordensbrüdern regelmäßig – sich für viele (maximal 28) Tage zurückzuziehen, damit ihr Leben wieder offen für Gottes Willen wird. Schweigen und Hören, Umkehren und Neuanfangen, Verkehrtes erkennen und revidieren und in aller Übung darauf hoffen, daß der Glaube wächst und reifer wird. Ein Drittel der menschlichen Lebenszeit wird dazu benötigt, damit der Mensch sich in einen Beruf einübe, in einem zweiten Drittel übt er diesen Beruf aus, und im restlichen Drittel übt er den Beruf ab, um sich auf Sterben und Leben nach dem Tod einzuüben.

Glauben braucht Übung und Übungserfahrung. Übung geschieht niemals um der seelenlosen Übung willen. Darin bestehen die alten und neuen Bedenken derer zu Recht, die sich um Mühsal und Vollzug der Übung drücken. Übung hat vielmehr ein erstrebenswertes, schönes Ziel: Vergewisserung und neue Erfahrung der Gottesbegegnung, des Glaubens.

Glaubenserfahrungen als Reifungserfahrungen

Menschliches Leben durchläuft verschiedene Jahreszeiten und Lebensalter. Jeder von uns wird älter, niemand bleibt Kind, und wer gelassen und mutig auf sein Leben zurückblickt, wird feststellen, daß sich prägende Entwicklungen eher unbemerkt und im Dunklen als am Tage, also durch klare Entscheidungen und Willensakte ergeben haben. Wer kann schon sagen, wann bei ihm die Pubertät zu Ende war, und der Eintritt ins Berufsleben ging keineswegs automatisch und mit der menschlichen Reifung einher. Das geistliche Leben hat den gleichen Wurzelboden wie das menschliche, so daß zu vermuten ist, daß Entwicklungsprozesse in dem einen Bereich gleichsam notwendig auch den anderen beeinflussen. Das muß aber keineswegs der Fall sein: Wie viele Menschen leisten im Beruf und in der menschlichen Kommunikation Hervorragendes, sind aber in Glaubensfragen naiv und unerfahren geblieben.

Jeder Mensch lebt zugleich ein inneres und ein äußeres Leben, und keineswegs stimmen beide immer miteinander zusammen. Wenn das innere Leben die Fundamente unserer Existenz in ihrer Tragkraft vertieft und prägt, also ganz Leben vor Gott und für andere wird, so wird das äußere Leben doch immer wieder von den Zwängen des Berufs, vom Elend der Welt, von der unsäglichen Unruhe und Hektik um uns herum angefressen. „Meine Abneigung gegen das Alleinsein erweist sich als genauso stark wie mein Verlangen danach" (Henri Nouwen). Wo wir auch hinschauen, spüren wir eine merkwürdige Gespaltenheit zwischen Aufbruch und Absicherung, zwischen guter Entfaltung und bedenklicher Blockade. Solche Zerrissenheit kann zur fruchtbaren Spannung verwandelt werden, die lebendiges Leben ausmacht und damit in beiden Lebensbereichen Reifungsprozesse fördern; sie kann aber auch blockieren und aufhalten, Wachstumsverzögerung, -stillstand, ja Rückschritt auslösen. Ein Kind, das nicht mehr wächst, bleibt nicht Kind, sondern wird Zwerg.

In einem Aufsatz über Bildungspsychologie heute ist zu lesen, daß der durchschnittliche Deutsche niemals wieder so allgemeingebildet sei wie bei Schulabschluß, also mit ca. 16 bis 18 Jahren. Schon zehn Jahre später befinde er sich wieder auf dem Niveau eines Zehnjährigen und fiele dann noch dahinter zurück, allerdings abgesehen von den Spezialkenntnissen seines Berufes. Es trifft also nicht zu, daß sich menschliche Reifung und geistliches Wachstum wie selbstverständlich ergibt. Stillstand und Fehlwachstum, Unreife und Degeneration begegnen auf Schritt und Tritt.

Eine wahre Geschichte möge das demonstrieren: Eine junge Frau mit lebendigem Glauben lernt einen Mann kennen, der sehr distanziert zu Gott steht. Er verspricht ihr jedoch, damit sie der Heirat zustimmt, sie im Bereich des Christseins ihren Weg gehen zu lassen und gelegentlich auch zu begleiten. Kaum sind sie verheiratet, hat er all das vergessen, und die junge Frau muß allein zum Gottesdienst gehen und morgens, zunächst unter freundlichem, dann gehässigem Spott, allein die tägliche Losung und die Bibel lesen. Dann werden Kinder geboren, die Zeit für die Bibellese fehlt, auch wenn das Gewissen daran erinnert, und Zeit für den Kirchgang steht ebenfalls nicht mehr zur Verfügung. Wenige Jahre später führt die Frau überhaupt kein geistliches Leben mehr und empfindet auch nichts mehr dabei. Darauf angesprochen, gibt sie zur Antwort, daß sie genausogut ohne wie mit Gott leben könne.

Dieses Beispiel beschreibt einen „normalen" Vorgang in unserer Welt. Viele Kirchenaustritte und Entfremdungen von der Ortsgemeinde gehen auf Glaubensenttäuschungen oder auf Unterentwicklungen in der eigenen Biographie zurück. Die Sehnsucht nach Vertiefung kann aber auch zum Besuch vieler Tagungen und geistlicher Sonderangebote führen, dadurch allerdings neue Blockierungen bewirken, wenn man nämlich das Besondere sucht und den kleinen Schritt im Alltag auf Gott hin oder auch auf andere Menschen zu nicht geht. Viele Christen brechen nur scheinbar auf und erleben somit keine tiefgehende Begegnung mit Gott, keine Verwandlung.

Jonathan Swift schrieb: „Die meisten Menschen bereiten sich vor, demnächst zu leben." Ähnlich Teresa von Avila: „Die meisten Menschen lauern vor der Tür ihrer Seele, ihres wahren Lebens herum." Oder Gotthard Fuchs: „Die meisten Christen befinden sich in einem noch vorgeburtlichen Zustand, sind noch nicht zur Welt gekommen, zur Welt der Nachfolge Jesu und einer eigenen Biographie." Sie entziehen sich beharrlich der wirklichen Erfahrung, der kleinen wie der großen, sie erleben zwar immer wieder Leere als Müdigkeit, als Gleichgültigkeit, als Langeweile, statt daß sie leer werden und damit offen für Gott. Reifen im Menschsein und Wachsen im Glauben sind nicht eine pädagogische bzw. biblische Mahnung, sondern ein lebenslanger Auftrag zur Menschwerdung des Menschen. Wie läßt sich dieser für Christen wahrnehmen und leben? Einige Vorschläge seien angeboten.

1. Eva von Tiele-Winckler hat formuliert: „Alles Geistliche muß natürlich und alles Natürliche geistlich werden." Ähnlich heißt es bei Wilhelm Stählin: „Eine geistliche Lebensordnung kann nicht nur eine Ordnung des geistlichen Lebens sein, sondern sie muß geistliche Ordnung des ganzen Lebens werden." Menschliches und geistliches Leben durchdringen sich gegenseitig, auch wenn beides zu unterscheiden ist. Aber das Gleichgewicht, die Beziehung beider Lebensbereiche aufeinander gilt es zu wollen und dann auch einzuüben.

2. Dafür ist z. B. die Beachtung des Rhythmus von Sonntag und Werktag, von Tag und Abend eine gute Hilfe. Seiner Grundstimmung nach ermuntert der Tag zur Aktivität und der Abend zur Rezeptivität, also zum nachdenklichen Empfangen. Daß ich mich beidem öffne und das eine auf das andere beziehe und integriere, ist für gelingendes Leben wichtig. Glauben ist überdies ein allgemein menschliches Phänomen, denn wir Menschen sind nicht nur mit Wachstumsfähigkeiten im physisch-psychischen Bereich ausgestattet, sondern auch mit wachsenden Fähigkeiten zum sinnvollen Leben, zum Glauben an Gott. Glauben ist, menschlich gesprochen, die Art und Weise, der Weg, die vielfältigen Strebungen und Kräfte in unserem Leben auf Sinn hin, auf Zusammenhang, auf Tiefe hin zu beziehen. Glaube ist „Leitsystem für Sinn" (J. Fowler), der „Gott-Wert" im Leben (P. Tillich), die Menschen verbindende Wertvorstellung, das universale Verlangen nach Transzendenzerfahrung: „Unruhig ist unser Herz, bis daß es ruht, o Gott, in dir" (Augustin).

Es ist schädlich für Wachstum in ganzheitlichem Sinn, wenn wir diese Sehnsucht nicht aushalten, wenn wir uns selbst nicht in Geduld und Erwartung öffnen, bis Gott wirklich kommt. Wir Menschen können unsere Horizonte verkürzen, im Laufe der Zeit immer eindimensionaler leben, auf Menschsein in der Tiefe verzichten. Dann hört Wachstum irgendwann auf, im menschlichen wie im geistlichen Sinn.

3. Wir wissen aus der Psychologie, daß es vier Grundausstattungen gibt, an denen sich der reifende Mensch entwickelt: den Umgang mit der Zeit, mit dem anderen Menschen, mit Versagen und Schuld und schließlich mit Sterben und Tod. All diese Aspekte spielen auch in der Glaubensentwicklung eine zentrale

Rolle und bestätigen den Zusammenhang von natürlichem und menschlichem Leben.

Die Stadien der menschlichen Entwicklung gilt es allerdings zu kennen und sie auf die Entwicklungsstufen des Glaubens zu beziehen. Es besteht Übereinstimmung darin, daß der Mensch in einer gelingenden Reifung wenigstens vier Phasen durchläuft. Wichtig ist dabei, daß ich als wachsender und mich entwickelnder Mensch bis zum Tode keine Phase meiner Entwicklung loswerde, sondern die eine in die andere zu integrieren lerne. Als für die Ewigkeit reif gewordener Erwachsener bleibe ich Säugling und Kind, Heranwachsender und Erwachsener in den unterschiedlichen Lebensphasen. Eine Wachstumsstörung in einem der vier Bereiche wirkt sich auf die Reifung des ganzen Menschen aus. Neurosen und Glaubensstörungen haben miteinander zu tun und umgekehrt. Aber gehen wir im Folgenden auf die verschiedenen Phasen in der menschlichen Entwicklung ein.

a) Im Kindesalter erweist sich der Mensch am deutlichsten als Werdewesen. Das Kind ist auf Vater und Mutter angewiesen, es kann nicht aus eigener Kraft leben. Zuwendung und Vertrauen braucht es lebensnotwendig, um sprechen und differenzieren zu lernen. Das Kind braucht ein „Zuhause" im inneren und äußeren Sinn; nur dann lernt es, seine Sinne zu entfalten, allmählich zwischen Ich und Wir zu unterscheiden und in den „sozialen Uterus" (A. Portmann) von Umwelt und Kirche hineinzufinden. Wer als Kind lernt, mit Erwachsenen, die ihm wie Riesen erscheinen, unbefangen umzugehen, gewinnt Mut zum Leben, hat Liebe und Vertrauen und kann sich auf die schwierige Geschichte der Freiheit bei seiner Lebensreise durch die Welt einlassen.

Von C. G. Jung stammt die Einsicht: „In jedem Erwachsenen steckt das Kind, ein ewiges, nie fertiges Kind, das beständiger Pflege und Erziehung bedarf." Viele „Erwachsene" wehren sich aber vehement gegen „Pflege und Erziehung", als ob sie dies nicht mehr nötig hätten, doch sie verkennen dabei, daß diese Grundbefindlichkeiten (und Aufträge) elementar zum Menschen dazugehören. Wenn der Psalmist sagt: „Von Geburt an bin ich geworfen auf dich, von Mutterleib an bist du mein Gott" (Ps 22, 10), meint er, daß dies ein Leben lang gilt. Nicht zufällig heißen Christen „Kinder Gottes", sie sind und bleiben es auch. Deshalb ist der Vertrauenspsalm oder ein einfaches Gebet elementarer Ausdruck des Christseins, ebenso wie die Erfahrung: Ich spüre einfach, daß Gott da ist. Ich weiß es, er hat wirklich zu mir gesprochen. Kind Gottes bleiben und immer mehr werden, das entspricht dem Taufweg, den jeder Glaubende zu gehen und einzuüben hat.

b) Im sogenannten Jugendalter, der Adoleszenz (der Pubertät), wird das Leben des Menschen bewußter. Der junge Mensch ist nicht nur „Ich", sondern er wird zum Ich, er registriert Erfolge und Mißerfolge, geht Beziehungen ein. Er glaubt und zweifelt, er sucht sich seinen eigenen Lebensstil, seine Identität und eine Weltanschauung, in der er zu Hause sein kann. Abgrenzungen von der Familie und der übrigen Umwelt werden normal, damit sich der eigene Weg ergibt. Die zentrale Erfahrung dieser Altersstufe ist die Entdeckung der unendlichen Möglichkeiten des Lebens gegenüber den kleinen, eigenen, vorgegebenen Grenzen. Warum bin ich Mann und nicht Frau, Protestant und nicht Katholik, Deutscher und nicht Franzose oder allgemeiner: Warum bin ich so und nicht anders? Und immer wieder ergibt sich die leidvolle Erfahrung: „In allem ist etwas zu wenig" (Ingeborg Bachmann) oder: „Das kann doch nicht alles im Leben sein, da muß doch noch Leben ins Leben hinein!" (Wolf Biermann).

Die tiefe Bereitschaft zur Horizonterweiterung, ja Grenzüberschreitung, zur grenzenlosen Hingabe an andere Menschen und Gedanken gehört ebenso zu dieser Lebensphase wie die schmerzhafte Erfahrung von Grenzen in Familie und Schule, Kirche und Gesellschaft. Im ersten Johannesbrief finden wir eine deutliche Unterscheidung zwischen Kindern, jungen Männern und Vätern (2, 12–14) und damit die Respektierung dieser Lebensbereiche. Die Ermunterung an die einzelnen Stände meint die Einladung zum Wachstum in jedem Stand, wobei nicht die Suchbewegung nach Ganzheit, sondern nach Gemeinschaft mit Gott im Zentrum steht. Vielleicht in keiner anderen Lebensphase als der der Pubertät erweisen sich Hunger und Durst, Sehnsucht nach Werden und Erleben so stark und menschliches Leben prägend. In der Heiligen Schrift sind solche Erfahrungen als bleibende Merkmale für das Unterwegssein des Christen und Nachfolgers verstanden.

c) Sprechen wir vom Erwachsenenalter, so ist ein Mißverständnis abzuwehren, nämlich als ob Erwachsensein eine abgeschlossene und nicht mehr weitergehende Lebensphase sei. Gerade deshalb ist in der Heiligen Schrift zwar nicht häufig, aber in zentralen Zusammenhängen vom Wachsen im Glauben durch das ganze Leben hindurch die Rede. Gleichwohl für die dritte Lebensphase gilt auch: Ausbildung und Studium haben ein Ende. Es beginnen Beruf und Verheiratung und damit in gewissem Sinne festgelegte

Lebensverhältnisse. Jetzt verlassen Menschen endgültig ihr Zuhause und müssen sich neu einrichten, mit anderen Menschen bekannt machen und Fremdheitserfahrungen ebenso überwinden wie Illusionen durchschauen. Gerade Beruf und Ehe sind Lebensbereiche, in denen man – nach dem goldenen Anfang – Endgültigkeit und Begrenzung erfährt.

Im Beziehungsbereich ergeben sich Veränderungen, z. B. durch den Tod der Eltern oder die Geburt der Kinder, die in der Regel mehr Einschränkungs- als Befreiungscharakter haben. Auch Umzüge an einen anderen Ort, Stellenwechsel oder Krankheiten verändern die tragenden Lebensfundamente nicht immer hoffnungsvoll. Eines der wesentlichen Lebensgüter, die Zeit, wird ständig knapper, Ehepartner und Kinder, aber auch der Umgang mit Gott leiden darunter. Die bislang unbefangen übernommenen Symbole im Gottesdienst und Alltag werden jetzt geprüft und oft genug verworfen: der Gottesdienst, die Sakramente, der Ring als Zeichen der Zugehörigkeit etc. Früher beteiligte man sich unbefangen an den Sitten und Gebräuchen kirchlichen Lebens, jetzt werden diese zu *rites de passages*, zu Übergangszeichen zwischen einer und der anderen Lebensphase, damit aber auch zu „gebrochenen Symbolen". Sie verlieren ihre selbstverständliche Tragfähigkeit für den Menschen und müssen neu erworben und in Besitz genommen werden. Der fragmentarische Charakter des Lebens tritt manchmal schmerzhaft deutlich zutage, und oft genug bleibt für den Glauben an Gott weder Zeit noch Bedürfnis.

Jetzt gilt es zu verwirklichen, was ich bislang nur gedacht und geplant habe, mich von Rollenverzierungen, Masken und Fassaden befreien zu lassen, unreife Abhängigkeiten durch verantwortungsvolle Zuwendung zu ersetzen. Ich lerne nach und nach, mich von dem pubertären Zwang zu lösen, immer geliebt werden zu müssen: Ich kann Gottes Liebe dankbar annehmen und auch andere, sogar mich selbst lieben lernen. Ich kann meinen eigenen Weg, mein besonderes, oft genug auch leidvolles Geschick, meine je eigene Einsamkeit bejahen und mir „Fremdbestäubung" durch andere gefallen lassen. Reifung wird damit zur Lebensform dialogischer Existenz.

Ich werde offen für den tiefen Reichtum des Lebens, für die besondere Art des anderen Menschen, für einen ökumenischen Lebensstil, ohne daß ich auf den eigenen Standort verzichte. Der Hintergrund strahlt immer heller auf, das „innere Licht", wie die Quäker es nennen, das Geheimnis der verborgenen und doch anwesenden Wirklichkeit Gottes. Selbst in Anfechtungen und Niederlagen erfahre ich Gott – im finsteren Tal – bei mir. Auch die Niederlage wird so zur Gotteserfahrung. J. Fowler spricht in diesem Zusammenhang vom „Sakrament der Niederlage": Ich lerne sterben und auferstehen und, wenn ich falle, an der Kraft des Auferstandenen teilzuhaben.

Damit beginnt zu wachsen, was Paul Ricœur die „zweite Naivität" nennt; es beginnt die „herrliche Freiheit der Kinder Gottes" aufzuleuchten, ein einfacher, aber verbindlicher und strahlender Glaube.

d) Dann wird die letzte Lebensphase, die sich in Älterwerden, Altwerden und Altsein gliedert, ihre Schrecken verlieren. Unter den mancherlei Zerbrüchen und Trennungen öffnet sich die Ahnung einer allumfassenden Menschheitsfamilie, zu der auch ich über den Tod hinaus gehöre, die Hoffnung auf Überwindung alles Widerstrebenden, auf das anbrechende Reich Gottes, auf das hin ich lebe und das ich – auch bei schwindenden Kräften – gelassen erwarte.

Das Lebensende erscheint dann nicht mehr als finale Katastrophe, sondern als Annäherung an das Lebensziel. Deshalb braucht Älterwerden nichts mit Resignation und Depression zu tun zu haben, wohl aber mit Fremdwerden gegenüber den bisher geltenden Werten und mit Offenwerden für den größeren Horizont über den Tod hinaus. Die Einstellung auf den näher kommenden, souveränen Gott macht mein Leben selbst souverän und gelassen. Ausreifungen ergeben sich und der Verzicht auf Verwirklichung meiner Ideale zugunsten einer endgültigen Bereitschaft, sich Gott zu überlassen und das gelebte und ungelebte Leben so anzunehmen, wie es geworden ist.

Vertrauen fällt nicht leichthin in den Schoß, sondern bedarf der Annahme einerseits und des Weiterschenkens andererseits. Im Vertrauen verleihe ich und empfange ich Flügel, erfahre ich riskiertes Leben, werden mein Herz und mein Wille weit. Glaube als Vertrauen meint eine eigene, neu geschenkte Qualität der Person und nicht bloß ein System von Lehrinhalten. J. Fowler legt dabei Wert auf die Pronomina: wer glaubt, sagt „ich" und „wir", nicht „er, sie, es" oder „sie". *Believe* und *belove* (glauben, lieben) hängen im Englischen etymologisch ebenso zusammen wie lieben, leben, ge-loben, g-lauben im Deutschen. Glauben als Vertrauen meint also Hingabe in Wechselseitigkeit, hat Gemeinschafts- und Bündnischarakter. Wehe der Ehe, wehe der Beziehung zwischen Eltern und Kindern, zwischen Mensch und Gott, wenn nicht regelmäßige Signale der Liebe und Hingabe ausgesendet werden.

Vielen Zeitgenossen ist Tiefe und Intensität abhanden gekommen. Deshalb scheitern auch so viele Beziehungen. Religiös gesprochen, viele Menschen sind Polytheisten geworden, ihr Glaube erscheint diffus, unklar und zu allerlei Richtungsänderungen bereit. Polytheistisch glauben und leben heißt in die Beliebigkeit auswandern. Doch nur wer einem einzigen Gott glaubt und sein Leben auf dessen Verheißungen gründet, wird dessen Tragfähigkeit erfahren und darin das Geschenk einer neuen Lebensdimension.

Vielleicht werden dann auch die zahlreichen Wachstumsbilder der Heiligen Schrift (z. B. reiche Ernte, Weinstock und Reben, das Frucht bringende, sterbende Weizenkorn, das Unkraut unter dem Weizen u. a.) nicht nur einzelne Aspekte beschreiben, sondern unter je einem besonderen Aspekt auf den Zusammenhang geistlichen Wachstums hinweisen. Sie veranschaulichen dann, wie sich Leben wandelt entsprechend der Erfahrung, daß sich innerhalb der eigenen Lebensgeschichte Bilder verändern, verlieren, aber auch vertiefen. Das eine ist als Saatgut in mich hineingelegt durch Gott und meine Eltern; anderes ist dazugetan durch Kindergarten und Schule, Kirche und Gesellschaft, auch durch mich selbst, wenn ich den Samen, leider nicht nur den guten, angenommen oder abgelehnt habe. Nun liegt er in mir, wächst ohne mein Zutun, und dann kommt der „günstige Augenblick" (der *kairos* Gottes), und der Same bricht durch ans Tageslicht. Doch auch dann braucht der kleine Sproß noch Zeit, bis er weiter reift und ausreift – wieder ohne eigenes Zutun, wohl aber durch Zuwendung anderer – bis schließlich „die Ernte da ist".

Reifenlassen bedeutet also:

– sich vertrauensvoll auf den Wachstumsweg einlassen und Grenz-Erfahrungen nicht als Scheitern, son-dern als Wartezeiten hinnehmen. Jeder Mensch hat seine eigene Reifungszeit und braucht seine eigene Geduld, auch von seiten seiner Umwelt;

– die menschlichen Grundausstattungen (Zeit, Gemeinschaft mit anderen, Schuld und Tod) in sein Leben integrieren und wieder loslassen, wenn es soweit ist.

– Wachstum geschieht im verborgenen, hat Tages- und Jahreszeiten, Entwicklungsstufen also, die nicht übersprungen werden können. Wer es versucht, muß sie in der Regel unter Schmerzen wiederholen.

– Wachstum vollzieht sich meist nicht geradlinig, linear, sondern verläuft kreuz und quer, in Schüben und hat zwischendrin Inkubationszeiten. Eine Phase ergibt sich aus der anderen, und immer wieder bilden sich bei den Übergängen Wachstumsknoten, die eine Entwicklung schmerzhaft verzögern. Es kann dabei auch zu oft unverständlichen Krisen kommen: das Alte trägt nicht mehr, das Neue ist noch nicht da, und man fühlt sich bedroht wie ein Schwimmer mitten im Strom, dem die Kraft ausgeht und für den beide Ufer gleich weit entfernt sind. Dabei hat jede Wachstumsphase meist ihre eigene Krise; nichts wiederholt sich einfach oder schreitet geradlinig voran, und nur begrenzt läßt sich auf bereits gemachte Erfahrungen zurückgreifen. Immer neu ist Mut nötig, Aufbruch und vor allem Vertrauen. Nicht zufällig gibt es so viele Vertrauenspsalmen in der Heiligen Schrift und Vertrauenslieder in den Gesangbüchern unserer Kirchen: „Gott ist dir gut – trau dich doch!"

– Die meisten Bücher zur Lebenshilfe orientieren sich an Problemen von kranken Menschen. Das hat zur Folge, daß Wachstumskrisen bzw. -behinderungen allzu schnell als krankhaft-neurotisch verdächtigt werden. Dem ist jedoch keineswegs so. Reifungsprozesse mit Komplikationen und Störungen, Schmerzen und Rückfällen sind etwas durchaus Normales und Gesundes. Mag sein, daß mir in einer Glaubenskrise das Zwiegespräch mit Gott, die Sprache, ja der Atem wegbleiben. Doch das gilt es auszuhalten, bis sich der zweite Atem einstellt und Begegnung mit Gott in größerer Tiefe als bisher wieder beginnt. Goethe hat sicherlich recht: „Solang du dies nicht hast, dieses Stirb und Werde, bist du nur ein trüber Gast auf dieser dunklen Erde" (1817). Ähnlich, wenngleich hoffnungsvoller schreibt Hermann Hesse:

> Wie jede Blüte welkt und jede Jugend
> dem Alter weicht, blüht jede Lebensstufe;
> blüht jede Weisheit auch und jede Tugend
> zu ihrer Zeit und darf nicht ewig dauern.
> Es muß das Herz bei jedem Lebensrufe
> bereit zum Abschied sein und neu beginnen,
> um sich in Tapferkeit und ohne Trauern
> in andre, neue Bindungen zu geben ...
> Wohlan denn, Herz, nimm Abschied
> und gesunde.

In der Tat, wer aufbrechen und sich entfalten kann, ist weit gesünder als wer starr und ängstlich bekannte Bastionen verteidigt.

– Wachstum hat immer auch mit Gestaltwandel zu tun, mit dem Umbau des Körpers, aber auch des Denkens und der Vorstellung von Leben und Begegnung. Unruhe und unerwartete Öffnungen, die sich einstellen, sind Zeichen eines gesunden, sich verändernden Lebens und Glaubens wie der Stimmbruch in der Pubertät. So wächst Selbstbewußtsein und Gottvertrauen, indem das „Ich glaube" mit dem „Hilf meinem Unglauben" (Mk 9, 24) durchaus korrespondieren kann. Vielleicht wird das Vertrauen nicht größer, aber intensiver und tiefer. Ich lerne die Ersatzbefriedigungen zu durchschauen, die mich verwöhnen und unfruchtbar gemacht haben, und die „Gottesgeburt" in mir zuzulassen.

Andererseits bedeutet vertieftes Leben immer auch selbständiger werdendes Leben. Kein anderer kann für mich glauben und leben. Ich höre den Ruf Christi, stehe auf und folge ihm. Ich kann auf den ständigen Vergleich mit anderen Menschen, auf ihre Streichel- und Ermutigungseinheiten verzichten. Schön, wenn diese kommen, aber lebensnotwendig sind sie nicht mehr. Die kleine Verantwortung des ängstlichen, abhängigen und distanzlosen Menschen wandelt sich zu eigener Lebens- und Weltgestaltung. Auch Rückschläge und Stagnationen werfen mich nicht mehr um.

Wahrscheinlich wird der sich abzeichnende „neue Mensch" in Glauben und Charakter viele Kontinuitäten zum bisherigen aufweisen. Neues ist immer auch verwandeltes Altes mit mancherlei Restbeständen, die bleiben, wie sie sind. Verwandlungen ergeben sich gleichsam unbemerkt, aber Reste, hinter denen eine ganze Lebensgeschichte steht, sollte ich ebenfalls stehenlassen; es ist nicht alles zu „bearbeiten", und es muß auch nicht alles bearbeitet werden. Christus lebt und wächst in mir (Joh 3, 30), er wird das ihm nicht Entsprechende nach seinem Willen verwandeln. Ich aber brauche nicht mehr zu tun, als so zu leben versuchen, wie ich bin. Das Gefängnis der Ideale, an denen ich oft genug fast erstickt war, ist aufgebrochen.

In der Regel wird die in mir reifende Gottesliebe ihren Reflex in zunehmender dankbarer Hinwendung zu Gottes Schöpfung finden; sie wird sich fast unter der Hand ergeben, gelegentlich aufblitzen, aber eher selten ein plötzlicher Durchbruch, eine Wendeerfahrung sein. Im eher Gewohnten erwartet und begleitet mich Gott.

Allerdings ergeben sich im Lauf der Zeit Prägungen (Charaktere) und Haltungen *(habitus)*, die meinem je eigenen Wesen besonders entsprechen und deshalb spezieller Pflege bedürfen. Dabei wird sich ergeben, daß die persönlichen Einstellungen mit der menschlichen und christlichen Grundberufung durchaus konform gehen. Einige seien genannt und zur Einübung empfohlen:

– Menschliches Leben ist in der Tiefe Geheimnis in der Zuordnung des organischen, sinnenhaften und kommunikativen Lebens. Es gilt deshalb, mit Geheimnissen angemessen umzugehen. Geheimnisse sind keine Rätsel, die sich lösen lassen, sie sind aber auch keine erratischen Blöcke in meiner Existenz, die ich besser stehen lasse und nicht berühre. Viele Menschen verharren in ihrer eindimensionalen, bedürfnisorientierten Lebensweise und kommen kaum an das ihnen eingestiftete Geheimnis heran.

Der Verfall der menschlichen Liebesfähigkeit hat hierin seinen Grund. Denn liebende Hingabe ist der Kern jeden Geheimnisses. Es ist zu allgemein, „Gott das Geheimnis der Welt" zu nennen; man kann nicht von Gottes Existenz ohne von seiner Liebe sprechen. Gottes Liebe ist das Geheimnis der Welt, und Gerhard Tersteegen hat es angemessen besungen:

> Sehet dies Wunder,
> wie tief sich der Höchste hier beuget;
> sehet die Liebe, die endlich als Liebe sich zeigt!
> Gott wird ein Kind, träget und hebet die Sünd;
> alles anbetet und schweiget.
>
> Gott ist im Fleische:
> Wer kann dies Geheimnis verstehen?
> Hier ist die Pforte des Lebens nun offen zu sehen.
> Gehet hinein, eins mit dem Kinde zu sein,

die ihr zum Vater wollt gehen.
Darum: Jauchzet, ihr Himmel,
frohlocket, ihr Enden der Erden!

Daß Gott nie aufhört, sich seiner Schöpfung immer neu liebevoll zuzuwenden, darin besteht das Geheimnis der Geheimnisse. Schweigen, verehrende Anbetung, überbordendes Gotteslob, das ansteckend ekstatischen und versunken enstatischen Charakter haben kann, werden die Folgen sein. Aber welcher Christ ist darauf vorbereitet, „wie man dich heilig – nüchtern preist", wer integriert schon das Lob Gottes wie selbstverständlich in Bitte, Fürbitte und Dank?

Wer es nicht kann, sollte es üben, immer wieder und wieder, und vielleicht ist stotternde Sprachlosigkeit Gott gemäßer als routinierter Redefluß. Dabei gilt zu beachten: „Gott loben, das ist unser Amt" und keineswegs immer unser Bedürfnis. Weil wir uns nicht uns selbst verdanken, müssen wir daran erinnert und also auf Gott angesprochen werden. Gott ist allerdings seiner Schöpfung immer um ein Unendliches voraus; deshalb ist sein Geheimnis unerschöpflich und hat in sich eine nie aufhörende Dynamik. Sie stiftet dem Christen eine sakramentale Dimension ein, ohne die er nicht leben kann. In den Sakramenten der Kirche kommt diese besonders zum Ausdruck und bedarf deshalb eigener Aufmerksamkeit und Pflege.

Zu den besonderen Prägungen gehört schließlich, wie bereits angesprochen, die bejahte Eigenverantwortung des glaubenden Menschen für sein Leben. Zuallererst vernehmen wir – durch Zuwendung im Vollzug wie im Wort –, daß wir vertrauenswürdige, gewollte und geliebte Menschen sind. Gott offenbart sich als Gott der Zuwendung, als „Gott für mich": „Du bist wertgeachtet in meinen Augen, und ich habe dich lieb" (Jes 43, 4). „Von Mutter Leibe an werdet ihr von mir getragen und vom Mutter Schoße an mir aufgeladen: ich will heben, tragen und erretten (Jes 46, 3-4).

Solche Verheißung läßt einerseits Ungelebtes nachreifen (oder auf sich beruhen) und andererseits den Glauben zu der je eigenen Prägung, zum „vollen Maß der Fülle Christi" kommen (Eph 4, 13).

Exkurs: Der Alltag als Bewährung des Glaubens

Lange schon haben sich Christen daran gewöhnt, zwischen Sonntag und Alltag zu unterscheiden. Der Sonntag gehört dem Gottesdienst und der Werktag dem normalen Leben in Beruf und Freizeit. Längst hat sich im allgemeinen Sprachgebrauch eine Gleichsetzung von Alltag und Werktag ergeben. Im Blick auf Glauben und Frömmigkeit bedeutet das für viele Christen, daß nur der Sonntag auf Gott bezogen wird, meist beschränkt auf die knappe gottesdienstliche Zeit, während der Alltag weithin vom Christsein ungeprägt bleibt. Über Jahrhunderte war das freilich anders; dazu war die Imprägnierung der Welt durch das Christentum im Umgangs- und Wertebereich zu selbstverständlich und maßstäblich. Auch wer nicht täglich zur Bibel griff, protestierte laut und energisch gegen den Vorwurf, er sei kein Christ. Solche Einstellung hat sich inzwischen grundlegend gewandelt: Was heute nicht den Alltag prägt, bestimmt die Existenz nicht mehr. Deshalb erscheint ein Nachdenken über den Alltag als sinnvoll.

Der bekannte Psychotherapeut Graf Dürckheim hat den Sinn- und Erlebnisgehalt von Alltag und Feiertag folgendermaßen beschrieben:

„Der Alltag ist, verglichen mit dem Feiertag, eintönig und grau. Er ist öde im Zeichen des Gewohnten, durchsetzt von Handlungen, die immer die gleichen sind. In der Wiederholung des Gleichen droht der Alltag uns zu mechanisieren. Er ist die Tretmühle sich wiederholender Bewegung und Handlung. Der Feiertag steht im Zeichen des Einmaligen, das uns beglückt. Der Alltag stumpft ab im Gegensatz zur Erfrischung, die der Feiertag bringt. Er ist schwer, weil er unter Zwang steht im Unterschied zur Freiheit, die der Sonntag gewährt. Der Alltag steht im Zeichen der Arbeit, der Leistung, im Unterschiede zur Muße, die der Sonntag verspricht. Er ist nüchtern im Unterschiede zum Feierlichen, das der Feiertag bringt. Der Alltag frißt uns auf im Gegensatz zum Feiertag, an dem man wieder zu sich kommt. Der Alltag zieht uns nach außen, der Sonntag gibt unser Innerstes frei. Der Alltag steht im Zeichen der fordernden, zur Leistung zwingenden Welt, der Sonntag gehört uns selbst" (Der Alltag als Übung, S. 15).

Trifft diese Unterscheidung zu, wäre damit der Alltag durchaus negativ bestimmt und alle Lebenshoffnung konzentriert sich dann auf den Sonntag. Ist der Mensch am Sonntag aber unterwegs in der Welt oder gottesdienstunlustig, so kommt auch diesem Tag lediglich Erholungs- und Unterhaltungswert zu, wie das für viele Zeitgenossen der Fall ist. Dann wäre das Leben eigentlich grau, weithin ohne Sinn. Deshalb wäre es gut, gerade dem Alltag nicht nur seine Bedeutung, sondern auch seinen geheimen Glanz zurückzugewinnen.

Dazu gehört zunächst die Erinnerung an Gottes Verheißung: Alle Tage, d. h. doch an jedem Alltag, gleich, wie schön oder grau er ist, bin ich, euer Gott, bei euch (Mt 28, 20); dieser Satz erhält deshalb besonderes Gewicht, weil er – gleichsam bündelnd und in hohem Ton – am Ende des Evangeliums steht. Auch sonst gibt es vom Anfang bis zum Abschluß der Heiligen Schrift eine Kette von Willenserklärungen Gottes, daß er die Seinen nicht aus dem Auge läßt, sie von allen Seiten umgibt und weder schläft noch schlummert. Jeder Tag ist „Tag des Herrn" und deshalb wert, dankbar und hoffnungsvoll gelebt zu werden. Für den Christen verliert die Unterscheidung zwischen grauem Alltag und hellem Feiertag damit eigentlich ihre Bedeutung.

Trotzdem wird der „Herrentag" (Offb 1,10) schon im Urchristentum hervorgehoben, weil sich an diesem Tag Christen zur Gemeinde versammeln, das Wort ihres Herrn vernehmen, sich seiner Gegenwart im „Herrenmahl" vergewissern und sich aneinander erfreuen und trösten. Dafür ist zwar kein besonderer Tag erforderlich, denn jeder Tag ist „Tag des Herrn"; aber aus guten Gründen der Verabredung ist ein festgelegter Tag gleichwohl eine Hilfe für alle, und dabei bot sich der erste Tag der Woche als Erinnerung an die Auferstehung Jesu Christi besonders an.

Ebenso ist allerdings jeder einzelne Tag in besonderer Weise wertzuschätzen, weil er der Ort der Christusbegegnung und der Glaubensbegründung ist. „Jeder Tag hat seine eigene Plage. Das Vergangene darf uns nicht beunruhigen. Nur unsere eigenen Fehler dürfen wir bedauern; aber auch das Kommende darf uns nicht beunruhigen; denn es ist unseren Augen verborgen, und vielleicht werden wir es niemals erleben. Die Gegenwart ist in Wahrheit die einzige Zeit, die uns gehört und die wir dem Willen Gottes gemäß gebrauchen sollen. Unser Herr hat nicht gewollt, daß unsere Voraussicht sich weiter erstrecke als bis auf den Tag, an dem wir leben. Diese Grenze müssen wir beachten" (Blaise Pascal).

Nur heute lebe ich und kann ich leben, nur heute gibt Gott seinem Volk Wachteln und Manna auf dem Weg durch die Wüste (2 Mo 16, 18–19), nur heute kann ich mit allen Sinnen leben und die Lebensvor- und -nachsorge aus der Hand geben. Wer heute lebt, übt sich in Vertrauen ein, läßt „Gott einen guten Mann sein", fühlt sich auch in den Stunden der Finsternis nicht verlassen, nimmt Gott beim Wort, daß er die Seinen nicht fallen und verderben läßt. Wer so lebt, übt sich ins erste Gebot ein: Er läßt Gott Gott sein und begnügt sich mit der Rolle des Geschöpfes. Wer sich sorgt und bekümmert, der verzichtet auf fremden Beistand und aktiviert nur seine eigenen Reserven, von denen er längst weiß, daß sie zum Erhalt der Welt niemals ausreichen.

> „Was helfen uns die schweren Sorgen,
> was hilft uns unser Weh und Ach?
> Was hilft es, daß wir alle Morgen
> beseufzen unser Ungemach?
> Wir machen unser Kreuz und Leid
> nur größer durch die Traurigkeit" (G. Neumark).

Das Ja zum eigenen Alltag meint bejahte Nüchternheit: Wir brauchen nicht alles allein zu schaffen, sondern nur das in unseren Grenzen und Möglichkeiten Liegende. Wer sich in keine Utopien verliert, wird auch der Not des anderen ansichtig bleiben und für Hilfe (eigene und fremde) sorgen können. Ein Meister übt jeden Tag seine Kunst und damit sein Leben; ein Schwärmer meint, er wüßte alles und könne alles allein.

Wenn Jesus seine Jünger auf den Weg der Nachfolge ruft, läßt er jeden seine eigenen Schritte gehen und überfordert niemanden. Anfangen, täglich neu anfangen, das kann jeder Mensch: neu anfangen ist eine Bescheidenheitserklärung und zugleich ein Hoffnungswort: „So nah wie heute waren wir dem Herrn noch nie, weil wir noch nie so ungesichert waren" (P. Arrupe).

Im Anfangen übe ich aktive Geduld mit mir und zuversichtliche Hoffnung mit anderen Menschen ein. Wenn ich nicht aufhöre anzufangen, brauche ich nicht zu sagen: Ich bin fertig, fix und fertig mit einem anderen Menschen. Unsere Vollendung steht noch aus. Sich gegenüber dem ankommenden Herrn offenzuhalten, ist eine lebenslange Übung.

So ist geistliches Leben alltägliches Leben, ein tragfähiges Fundament bei großen und kleinen Belastungen, Verlusten und Anfechtungen. Wer Gott nur am Feiertag ehrt, bringt sich um die Schönheit und um das Glück des Glaubens. Der Alltag in Ort und Zeit ist die Gestaltwerdung des Lebens, der erste und zweite Schritt der Nachfolge, das tägliche Brot. Von Gestaltvollzügen im Alltag ist nunmehr zu sprechen.

VON GESTALTUNGEN UND UMGANGSWEISEN IM GEISTLICHEN LEBEN

Immer wieder drängt sich der Eindruck auf, wir wüßten eigentlich alles: wie man in Beziehungen lebt und seinen Beruf erfolgreich gestaltet, wie man mit sich selbst gut umgeht und Gott glauben lernt. Doch hilft Wissen wirklich zu leben? Oder macht es nicht vielmehr mutlos und resigniert? Eigentlich dürfte es Kriege nicht mehr geben, auch nicht die schlimmen Verwundungen, die Menschen sich zufügen, und längst müßten die vielen Bücher, die über Glaubensvermittlung und Lebensgestaltung, Seelsorge und Gemeindeaufbau orientieren, eine überzeugende und anziehende Kirche hervorgebracht haben. Doch eher das Gegenteil scheint der Fall zu sein. Kennen und Können sind durchaus zweierlei, und der Überfluß an Gewußtem verhindert oft genug alltägliches Leben, „Übung auf dem inneren Weg". Der Weg zum Vollzug, das Wie des geistlichen Lebens ist weithin unbekannt geworden, und die Freude an der Einübung – mit all ihren Wiederholungsvorgängen auf dem Weg zur Vertiefung – auch. Zurück bleibt oft ein entmutigter Mensch und Christ, was aber dem Wesen des Christseins widerspricht. Deshalb soll im Folgenden versucht werden, zu Schritten anzuleiten, gerade auch unter dem Aspekt des konkreten, schrittweisen Gehens.

Gott dankbar erwarten

So verblüffend es klingen mag: Glauben können und glauben üben beginnt damit, daß nicht wir etwas tun, sondern Gott. Er hat den ersten Schritt auf mich zu längst getan und tut ihn immer wieder neu. Das fing an, als er die Welt, meine Welt, geschaffen hat und den Menschen, in dessen langer und mühevoller Geschichte ich selbst irgendwo meinen Platz habe. Ich glaube, ich vertraue darauf, daß ich persönlich von Gott ins Leben gerufen bin, beschenkt mit vielen Gaben und versehen mit Narben und Verwundungen, die meine Biographie ausmachen und überschreiten. Ich persönlich bin immer mehr als ich privat. Ich bin ein Geschöpf, ein berufener Mensch, gleichwie Gott seine ganze Schöpfung zu sich und zur Erfüllung des Schöpfungsauftrages berufen hat. Menschsein meint also, sich dem Ruf Gottes immer neu stellen und Antwort geben. Doch diesen Auftrag habe ich als einzelner Mensch wie als Teil der gesamten Schöpfung verdorben, weil ich nicht meiner Berufung, sondern meiner Neigung, nicht meinem Auftrag, sondern meinen eigenen Plänen und Wünschen im vordergründigen Sinn der Ich-Werdung entsprochen habe. Wir alle sind Neinsager geworden – zu Gott und zu uns selbst.

Aber Gott hat auf sein Ja zur Welt und zu mir selbst nicht verzichtet. Er ist in Christus ein kommender, ein entgegenkommender und immer neu rufender Gott geworden – bis hin zum Lebenseinsatz seines Sohnes und damit seiner selbst. Jesus ist zu Lebzeiten und dann als vom Tod Auferstandener der personifizierte Ruf Gottes. Er weckt mir das Ohr und das Herz. Er kommt mir nah und spricht, und ich erfahre seine Anwesenheit im Wort ewiger Treue und Zuwendung. Jochen Klepper hat diese Offenbarung und Erfahrung in seinem Morgenlied unübertroffen beschrieben. Am Anfang des Tages wie am Anfang des Christseins steht der ankommende, gegenwärtige Herr („Als es Morgen wurde, stand Jesus am Ufer", Joh 21, 4).

Für den Glaubenden ist nichts mehr zu tun, als den Herrn zu erwarten: „Diesen Tag hast du werden lassen; an diesem Tag bist du da für mich. Ich danke dir." Gebete dieser oder ähnlicher Art, viele Male wiederholt, schließen den Tag für Gott auf und weiten mein Herz. Sie brauchen und vertragen keine Einschränkung, keine Problematisierung, keinen Nebensatz. Ich erwarte den gegenwärtigen Gott!

Warten heißt Ausschau halten, die Ohren spitzen, die ganze Existenz öffnen. Ich bin „ganz Ohr", ganz da, ganz präsent. Personale Erwartung meint immer auch Hoffnung auf Bleiben und Begleitung einerseits und Hoffnung auf vollendete, immerwährende Begegnung andererseits. Erwartung ist kindlich, aber nicht naiv, voller Spannung, voller Freude; sie konzentriert sich voll und ganz auf den einen, der kommen soll, unabgelenkt und uneingeschränkt.

Die Grundübung menschlicher Erwartung heißt Dankbarkeit, und das Gegenteil davon ist Vergeßlichkeit. Dankbarkeit könnte zur Grundhaltung des Glaubenden werden, der sich erinnert: Ich verdanke mich Gott und so vielen anderen; ich denke an meine Eltern und Freunde, weil sie für mich da sind und ich für sie da sein kann. Dankbarkeit ist Ausdruck von Zuneigung und Liebe, eigentlich grundlos, und Gott gegenüber bewundernde Verehrung, daß er, der Schöpfer der Welt, sich mir kleinem Geschöpf zuwenden will. Dankbarkeit, am Morgen ausgesprochen und durch den Tag hindurch in Erinnerung gehalten und geübt, nimmt auf, daß ich Gott recht bin, weil er selbst mich ihm recht gemacht hat. In der Dankbarkeit werde ich dem ankommenden Gott gegenüber ein empfangender Mensch wie Maria, als sie die Engelsbotschaft vernahm. Dankbarkeit markiert den ersten Schritt im geistlichen Leben, und wir sollten ihn nie überspringen. Menschlich gesehen, wird es oft wenig Grund zur Dankbarkeit geben, aber ich danke ja nicht, weil alles meinen Wünschen entspricht, sondern weil Gottes Zuneigung – durch alle Wolken hindurch – gilt, unbegründbar und grundlos. So kann ich leben, diesen Tag hindurch und über den Tag hinaus. Deshalb ist Einübung in Dankbarkeit Einübung in geschenkte Existenz. Manchmal lebt der ganze Tag von diesem ersten Schritt.

Schweigen und hören

Schweigen ist für die meisten Zeitgenossen eine fremde Vokabel geworden: Der Mensch erscheint zum Reden geboren, und am schlimmsten erscheint alleinlebenden Menschen, daß sie keinen Gesprächspartner haben. Damit kommt zwar Richtiges zum Ausdruck, denn in der Tat leben wir Menschen auf Begegnung, auf Dialog hin. Doch oft genug sind Gespräche zwischen Menschen nur Austausch von Belanglosigkeiten, Wortgeräusch, aber keineswegs Begegnung. Vielleicht liegt das daran, daß wir uns einbilden, den anderen zu kennen, statt daß wir uns auf Gespräche und Begegnung vorbereiten. Diese beginnt damit, daß wir schweigend an den anderen denken und uns in ihn hineinversetzen. Je mehr wir das tun, desto deutlicher wird uns, wie wenig wir von dem anderen wissen, von seinen Ängsten, Nöten und Hoffnungen. Um wieviel mehr gilt das für Gott!

Schweigen beginnt damit, daß meine körperliche Motorik zur Ruhe kommen darf; ich versuche, mich zu lockern und zu entspannen, gelassen zu sitzen, zu stehen und zu gehen. Wer das übt, wird merken, wie schwer das ist. Die mancherlei Hilfen, sich in Ruhe einzuüben, sollte man dankbar annehmen.

Aber Ruhe ist nur der erste Schritt auf dem Weg zum Schweigen. Der Ruhe folgt die Stille; nicht nur im äußeren, auch im inneren Bereich sollte die Unruhe abklingen. Allerdings läßt sie sich nicht einfach abschalten. Mit voller Wucht brechen vielmehr Erinnerungen, Verwundungen, Ableitungen mancherlei Art über den hinein, der den Weg des Schweigens gehen möchte. Ich spüre existentiell, wie sehr ich von der Unruhe gefangen bin.

Ruhe und Stille machen offen für Begegnung, und den Raum der Begegnung nennen wir Schweigen. „Was Schweigen heißt, kann man wohl in den Bergen erleben. Da ist es ganz still. Kein Laut weithin. Und rauscht irgendein Wasser, zwitschert einmal ein Vogel, rollt ein Stein, dann sinkt nachher die Stille nur um so tiefer in mich" (Romano Guardini). Wer vom Schweigen spricht, definiert nicht, sondern umschreibt, lieber in Bildern als in Begriffen. Zwei Beispiele dafür seien erwähnt:

„Stille kann man nicht herbeiführen, man kann sie aber vorbereiten. Man lernt etwa einen Gebetsvers auswendig, spricht ihn zwei- oder dreimal und läßt ihn sozusagen ‚im Raum' stehen. Stille entsteht nicht dadurch, daß wir nichts sagen. Sie kann aber übrigbleiben, wenn etwas Mächtigeres als unser eigenes Wort im Raum war und der ‚Raum' sich noch nicht wieder mit Gedanken und Worten gefüllt hat.

Wir standen in einer alten Kirche und suchten den Abstieg in die Krypta. Gebückt stiegen wir die lange, verwinkelte Treppe hinab wie in einen Schacht. Kühle Luft drang aus der immer tieferen Dunkelheit entgegen. Und dann offenbarte sich uns ein zauberhafter, kreisrunder Raum. Ein doppelter Kranz mannshoher Säulen unter einem Gewölbe stand wie ein Kreis schweigender Menschen um eine fast dunkle Mitte. Wir traten unwillkürlich neben sie und waren, eh wir darüber nachdachten, ein Teil dieses Raums, der so unerhört schweigt und horcht und wartet. Denn Warten heißt nicht, etwas tun oder sagen. Es heißt: sein. Die Verzauberung löste sich nach wenigen Augenblicken. Aber der Raum wartet weiter. Stellvertretend für eine beschäftigte Christenheit. Ihr sollt, sagt Jesus, vollkommen sein, wie euer Vater im Himmel vollkommen ist. Das heißt nicht, fehlerfrei sein wie er, sondern: so ganz und gar, wie er Gott ist, so vollständig, so ungeteilt sollt ihr vor ihm gegenwärtig sein, wartend und empfangend" (Jörg Zink).

Von der „Schweigewiese" in Taizé ist die Betrachtung einer unbekannten jungen Frau aus dem Jahr 1977 überliefert, eine Erfahrung, die längst schon viele andere Menschen berührt hat:

Nicht nur still werden und den Lärm abschalten,
der mich umgibt.
Nicht nur entspannen und die Nerven ruhig
werden lassen.
Das ist nur Ruhe.
Schweigen ist mehr.
Schweigen heißt: mich loslassen,
nur einen winzigen Augenblick verzichten
auf mich selbst:

auf meine Wünsche,
auf meine Pläne,
auf meine Sympathien und Abneigungen,
auf meine Schmerzen und meine Freuden,

auf alles, was ich von mir denke
und was ich von anderen halte,
auf alle Verdienste, auf alle Taten.
Verzichten auch auf das,
was ich nicht getan habe,
auf meine Schuld – und auch auf alle Schuld
der anderen an mir,
auf alles, was in mir unheil ist.
Verzichten auf mich selbst.
Nur einen Augenblick „DU" sagen
und Gott da sein lassen.
Nur einen Augenblick sich lieben lassen
ohne Vorbehalt, ohne Zögern, bedingungslos.
Und ohne auszuschließen,
daß ich nachher brenne.
Das ist Schweigen vor Gott.

Dann ist im Schweigen
Stille und Reden,
Handeln und Leiden,
Hoffen und Lieben zugleich.
Dann ist Schweigen: Empfangen.

Auf dieses Schweigen weiß ich keine Antwort als:
neues Schweigen,
weil Gott größer ist,
weil jede versuchte Antwort zu klein gerät.

Und doch habe ich keine Angst,
zu reden und zu handeln,
weil das Schweigen eines Augenblicks
vor Gott
und mit Gott
und in Gott
die lauten Stunden erlöst.

Sicherlich, Schweigen heißt im Grundsinn: aufhören zu reden, auf Worte verzichten. Allerdings meint Schweigen nicht totes Verstummen oder feindliches Schweigen. Es ist zunächst Selbstreinigungsakt der Sprache: „Eines Morgens erwachte die Sprache und rief laut und deutlich: Genug, meine Lieben! Jetzt wird geschwiegen" (W. Kraft). Worte, die sich als leer und kraftlos erweisen, werden im Schweigen geprüft und mit neuer Geltung und Vollmacht versehen, manchmal allerdings auch völlig preisgegeben. „Schweigen ist nur für diejenigen qualvoll und schrecklich, die schon alles gesagt haben und nichts mehr vorzubringen haben" (Maxim Gorki). Alttestamentliche Weisheit sagt im Buch Sirach (20, 6–7): „Mancher schweigt, weil er nichts zu sagen weiß, mancher schweigt, weil er die Zeit kennt. Der Weise schweigt bis zur rechten Zeit. Der Tor achtet nicht auf die Zeit."

Schweigen ist folglich mehr als still und stumm werden. „Irgendwo, etwa in den Bergen, sollte eine Schule der Aufmerksamkeit und des Schweigens gegründet werden", schlug Paul Claudel vor. In der Verbindung mit Aufmerksamkeit wird Schweigen zum Hören, zum intensiven Horchen. Sören Kierkegaard hat erstaunt geschrieben, wie er zunächst meinte, Schweigen sei Beten, dann aber wahrnahm, daß Schweigen Hören sei. Wir empfangen Christus als das entgegenkommende, uns ansprechende Wort, wir begegnen ihm in einem Wegakt des Schweigens in Beugung, Verehrung und gespannter, liebender Aufmerksamkeit. Unser Schweigen wird damit zum Mutterboden dafür, daß das Wort einsinkt, den Menschen bewegt und verwandelt. Maria, die die Worte der Hirten übernahm und im Schweigen bewahrte, ist ein gutes Beispiel für eine echte Schweigerin.

Jedem Hören auf das Wort Gottes sollte also eine Schweigezeit vorausgehen, die wir nicht zufällig „stille Zeit" nennen. Wir lesen in dieser Zeit Gottes Wort für den Tag halblaut, damit es mehrere Sinne berührt, wiederholen es halblaut, zwei- bis dreimal und lassen es dann im Schweigen stehen. Vielleicht ergibt sich daraus eine vertiefte Einsicht in Gottes Wesen und Barmherzigkeit; vielleicht löst das Wort einen Impuls für den angebrochenen Tag aus im Blick auf die Zuwendung zu anderen Menschen; vielleicht aber öffnet sich das Wort auch noch überhaupt nicht, Ausdruck dafür, daß Gott kommt und spricht, wann und wo er will. Es empfiehlt sich, ein vernommenes Wort in diesem oder jenem Sinn schriftlich kurz festzuhalten und im Laufe des Tages, spätestens aber am Abend noch einmal anzusehen, anzuhören und wirken zu lassen.

Das Wort treiben und reiben

Gott begegnen heißt seinem Wort begegnen, das in der Heiligen Schrift gesammelt wurde und durch immer neues Hören und Auslegen zum Wort Gottes für mich heute wird. 1539 hat Martin Luther drei Regeln benannt, die die Heilige Schrift (z. B. der Psalm 119) selbst angibt, um sich dem Leser zu öffnen: Gebet, Meditation, Anfechtung. Im Gebet soll der Leser darum bitten, daß „der Heilige Geist dich erleuchte, leite und dir Verstand gebe. Dazu knie nieder in deinem Kämmerlein und bitte in rechter Demut und Ernst zu Gott". Das zu Anfang stehende Eingeständnis, daß wir Menschen Gottes Wort nicht verstehen können, wenn Gott selbst es nicht erschließt, bringt zum Ausdruck, daß wir Menschen nicht nach Belieben über die Bibel verfügen. Wir begegnen Gott selbst in seiner geheimnisvollen Größe und gleichzeitig Zuwendung. Er macht sein Wort verständlich – dies meint die alte Auslegungsregel: Die Heilige Schrift legt sich selbst aus – und bedient sich dafür Menschen, die Gottes Wort hören, aufschreiben und auslegen. Demütiges Staunen und dankbare Hingabe einerseits wie Bitte um Erleuchtung andererseits sollten am Anfang jedes Umgangs mit der Heiligen Schrift stehen.

In diesem Zusammenhang hat Luther auch seine dritte Regel formuliert, die Anfechtung. Sie ist für Luther ein zentraler Begriff im Umgang mit dem verborgenen Gott und seinem Wort. Gott offenbart sich und spricht, wann und wo er will, und indem er sich offenbart, verbirgt er sich wieder. Sein Weg ans Kreuz, in die von Menschen geschriebene, übersetzte und ausgelegte Bibel und Gottes Inkarnation in mancherlei Lebensbereichen ist Zeichen seiner Offenbarung wie seiner Verhüllung. Es kann also sein, daß der Leser wartet und hört, aber nichts vernimmt, daß er um Offenbarung bittet und nichts erfährt außer Trockenheit und Anfechtung, weil Gott schweigt. Wer Gott begegnen möchte, sollte auch mit der Erfahrung der Nichterfahrung rechnen. Der Umgang mit der Heiligen Schrift ist ebenfalls auf Glauben angewiesen und von Anfechtung nicht verschont.

Im Zentrum von Luthers Empfehlungen steht aber, daß die Bibel zu meditieren sei. Luther spricht damit einen Vorgang an, der jedem Mönch geläufig war: wenigstens eine Stunde stand täglich zur Verfügung, damit das Wort Gottes in der Stille der Klosterzelle meditiert werden konnte. „Tu das nicht nur im Herzen, sondern auch äußerlich, treibe und reibe die mündliche Rede und das geschriebene Wort der Bibel immer neu, lies und lies wieder, mit fleißigem Aufmerken denk dem nach, was der Heilige Geist damit meint. Und hüte dich, daß du dessen überdrüssig wirst und meinst, du habest das Wort einmal oder zweimal und damit genug gelesen, gehört und gesagt und verstehst es nun von Grund auf."

Schriftmeditation meint also, das Wort zu Herzen nehmen, aber auch im ganz äußeren Sinn es wiederholen, es reiben und treiben, wie man mit einer Nuß umgeht, bis die Hülle aufspringt und der Kern sich zeigt. Deswegen lesen wir die Bibel ein Leben lang und warten auf immer tieferes Verständnis und intensivere Begegnung; wir geben nicht auf, wenn sich der Sinn nicht sogleich erschließt, und geben uns auch nicht mit dem Oberflächensinn, z. B. dem historischen, zufrieden. So wird die Schrift zum Wort, so macht der lebendige Gott seine Geschöpfe zu lebendigen Menschen, so erschließt er sich in der Verhüllung und bleibt als der Gefundene immer der Gesuchte. Mühe und Erwartung, Finderfreude und Sehnsucht nach bleibender Begegnung bestimmen und erfüllen unseren Umgang mit Gottes Wort im geistlichen Leben.

Pierre-Yves Emery hat in einem schönen Aufsatz die Schritte der Schriftmedititation zusammengestellt, an die nun sinngemäß erinnert sei:

1. Meditation heißt: die Herzen zu Gott erheben und unser ganzes Wesen auf ihn ausrichten.

2. Meditieren heißt: im Geist der Armut und Erniedrigung vor Gott leben.

3. Meditation hat ihr Ziel nicht in sich selbst, sondern zielt auf das immerwährende Sehnen nach Gott, in dem unser Wille in Einklang, in Einwilligung mit Gottes Willen kommt.

4. Meditation zielt auf Rückkehr des empfangenen Wortes zu Gott hin und führt zur Teilhabe am Leben Gottes.

5. Meditation ist stille Einkehr vor Gott, durchsetzt von Momenten des Einhaltens und Schweigens, weil „es nicht darum geht, viel zu denken, sondern viel zu lieben, und die Liebe sich nur schwer in Worten ausdrücken kann".

6. Meditation sieht in der Heiligen Schrift einen Spiegel des Menschen und hat darum auch eine ethische Seite: Sie richtet und richtet auf, bringt Vergebung und drängt zu immer neuer Zuwendung zu Gott.

7. Emery schließt mit einigen praktischen Hinweisen:
- Gottes Wort ist in Erinnerung zu bewahren und im Herzen zu behalten: „Entdecke in Gottes Wort Gottes Herz" (Gregor der Große).
- Meditation bedarf der Vorbereitung und Sammlung, der äußeren Beruhigung und der inneren Stille als Zeichen von Aufmerksamkeit und Ehrfurcht.
- Der Verstand kommt in eine besonders geartete Aufmerksamkeit, indem er nicht nur Gedanken sammelt oder das Gehörte auf die eigene Lebenssituation bezieht, sondern sich auf Christus als die Mitte der Schrift wie des eigenen Lebens ausrichtet.
- Das Wort Gottes will „gekaut", auswendiggelernt und in der Tiefe angeeignet sein, bevor man es „ganz einfach Gott wiedersagt".
- Meditation läßt am göttlichen Geheimnis teilhaben und bringt das gehörte Wort mit unserer Taufe und dem Herrenmahl in Zusammenhang.
- Meditation bleibt arm an technischen Mitteln. Sie ist etwas „Einfaches und Gewöhnliches, das jedem Christen zugänglich ist".

Mit Gott sprechen wie mit einem Freund

Leben im Vollsinn des Wortes ist Begegnung und Zwiegespräch. Sogar das Selbstgespräch des einsam gewordenen Menschen deutet darauf hin, daß Sprechen zum Leben geworden ist. Auch Gott hat seine Lebendigkeit immer im Reden offenbart. Die Welt ist aus dem Wort erschaffen, und die Trinitätslehre der Kirche ist nicht etwa heimlicher Verzicht auf den Monotheismus, sondern staunender Ausdruck dafür, daß der eine Gott nicht nur zu seinen Geschöpfen spricht, sondern auch mit sich selbst. So enthüllt das innertrinitarische Gespräch Gott in seinem Reichtum und seiner Lebendigkeit.

Das Gespräch zwischen Mensch und Gott nennen wir Gebet, weil der Mensch in der Bitte zu Gott authentisch er selbst wird: er bleibt seinem Wesen nach angewiesen auf Zuwendung und Hilfe und dankt dafür. Er spürt, daß er sich nicht selbst gemacht hat, und preist seinen Schöpfer und Erlöser. Bricht das Gespräch mit Gott ab, wird der Mensch krank; hört das Gespräch völlig auf, erfährt er „fundamentale kosmische Einsamkeit" (Cornelis H. Miskotte). Beziehungen zerbrechen, wenn Ehepartner oder Freunde nicht mehr miteinander reden oder ihre Kontakte auf rein technisch-vordergründige Informationen beschränken. Auch der Glaube an Gott wird beschädigt und leidet, trägt nicht mehr und hört ganz auf, wenn das Gespräch mit Gott unterbrochen oder beendigt wird. Nicht zufällig wird in jedem Gottesdienst mehrfach gebetet. Deshalb ist das Tischgebet für das Gottesverhältnis wichtig, aber auch die frei formulierte Klage und Bitte in Notsituationen. Ist Beten nicht mehr selbstverständlich, so ist das Verhältnis zu Gott problematisch und mühsam geworden.

In der Menschwerdung Jesu hat Gott ebenso einseitig wie in der Schöpfung der Welt bekundet, daß er den Menschen sucht und das Gespräch mit ihm, auch wenn es abgebrochen wurde, wieder erneuern möchte. In der Berufung seiner Jünger, in der Zuwendung zu Menschen in allen möglichen und unmöglichen Lebensverhältnissen ist Jesus den Menschen ganz nahe gekommen – bis hin zu seiner grenzenlosen, versöhnenden und stellvertretenden Liebe, die sich in ihrer Tiefe im Opfertod am Kreuz enthüllt hat.

Seitdem ist niemand mehr uns Menschen näher als Gott, und die Vateranrede im Herrengebet unterstreicht die neu geschenkte Nähe deutlich und intensiv. Nun kann die Ursehnsucht des Menschen nach Gott wieder Wort und Ausdruck finden; nun wird das Leben des Menschen wieder Antwort auf Gottes Wort, und selbst Schweigen vor Gott wird staunender Lobpreis dessen, dem die Worte vor der Größe und vor der Liebe Gottes zerbrechen oder abhanden kommen.

Wir reden mit Gott „wie die lieben Kinder mit ihrem lieben Vater" (Martin Luther) oder wie ein Freund mit seinem Freund redet (2 Mo 33, 11; Ps 35, 14; 55, 14; Joh 15, 15 u. a.). Alles, was zu einer „selbstverständlichen" Lebensbeziehung gehört, wird auch im Gespräch mit Gott anzutreffen sein: das kurze und das lange Wort, die spontane und die gebundene Äußerung. Im Herzensgebet hat die Kirche seit frühesten Zeiten die ständige, vertrauensvolle Verbundenheit mit Gott zum Ausdruck gebracht und zu dessen Praxis angeleitet.

Aber gerade Vertrauen und Vertrautheit bedarf der Pflege und Aufmerksamkeit. Deshalb ist auch das Gespräch mit Gott regelmäßig zu üben, damit die Verbundenheit nicht ausdünnt und verbraucht wird.

Trockenheiten finden sich zwar – leider – in jeder tieferen Beziehung, aber gerade dann ist es wichtig, auf das Gespräch mit Gott nicht zu verzichten. Wem die eigenen Worte nicht kommen oder ausgehen, der halte sich an die Psalmen oder die mancherlei guten Gebetbücher, etwa von Sabine Naegeli oder Jörg Zink. Beten können ist etwas vom Schönsten und Normalsten am Glauben, Ausdruck einer reichen und immer weiter wachsenden Liebesgeschichte zwischen Gott und Mensch.

Mit anderen Christen zusammenleben

Jesus hat seine Jünger zwar jeweils einzeln in seine Nachfolge berufen, aber immer haben sich Jünger Jesu in einer Nachfolgegemeinschaft vorgefunden. Zu zweit wurden sie von Jesus und seinen Aposteln in die Welt ausgesandt; und was im natürlichen Bereich gilt, trifft auch für den geistlichen zu: Es ist nicht gut, daß der Mensch allein sei. Deshalb meint Taufe „Einverleibung" in die Gemeinde Christi und Christsein Zusammenleben mit anderen Glaubenden.

Im Regelfall finden wir Gemeinde vor und suchen sie uns nicht selbst aus. Deshalb wird es immer auch unsympathische und schwierige Mitchristen geben, die ich genauso „annehmen" sollte (Röm 15, 7) wie die angenehmen und sympathischen. Meinungsverschiedenheiten und Gruppenbildungen werden ebenfalls vorkommen und sollten als fast normal angesehen werden. Christliche Gemeinde ist keine Sympathiegemeinschaft, keine Freundschaft, auch wenn das natürlich eintreten kann. Sie ist Gottes- und Menschendienstgemeinde.

Zum Gottesdienst kommen wir zusammen, singen und beten, hören und feiern wir gemeinsam. Indem Christus uns mit sich verbindet, schafft er auch untereinander Gemeinschaft. Dies hat etwas mit neuer Schöpfung und neuem Leben zu tun, selbst wenn das alte Leben noch nicht überwunden ist. Jedenfalls könnte Gemeinschaft unter Christen tragfähiger sein als die vorhandenen Zweckverbände, schneller zur Versöhnung tendieren, offener für unbequeme Dienste und Aufgaben werden. Deshalb haben sich Christen angesichts besonderer Notsituationen auch immer zu speziellem diakonischem oder missionarischem Einsatz in Gemeinschaft bereit erklärt. Und eigentlich ist es unvorstellbar, daß Christen ihre Gottesdienste nicht besuchen oder gar ihre Kirche verlassen (Hebr 10, 25). „Ich konstantiere kein Christentum ohne Gemeinschaft" (Nikolaus Graf von Zinzendorf). Kirchenaustritt bedeutet Selbstamputation, und Rückzug aus der Gemeinde schadet vornehmlich dem, der sich von ihr fernhält.

Christen werden ihre Verantwortung allerdings niemals auf den kirchlichen Bereich beschränken, sondern die konkrete Lebenssituation in Familie, Beruf und gesellschaftlichen Verpflichtungen als Sendungsauftrag und Platzanweisung Gottes begreifen und leben. Nicht zufällig sind gesellschaftliche Veränderungen im Abendland in der Regel von Christen initiiert oder mitgetragen. Wohin Gott mich stellen will, wird sich nicht nur in einsamer Entscheidung, sondern auch im Gespräch mit anderen Christen klären, wobei die besonderen Begabungen jedes einzelnen natürlich zu berücksichtigen sind. Immer wieder ergibt sich dabei, daß auch neue Gaben im kirchlichen und weltlichen Bereich entdeckt werden, die Kirche und Welt, vor allem aber mich selbst unerhört bereichern können.

Gegenwärtig leben wir in einer Zeit neuer Unübersichtlichkeit, augenfälliger Pluralismen der Meinungen und Lebensformen und vielfältiger Zersplitterung, ja Auflösung menschlicher Beziehungen. Das Autonomiebedürfnis und der Wunsch nach Selbstbestimmung erscheinen übergroß zu sein, und eine gemeinsame Welt- und Lebensdeutung will immer weniger gelingen, falls sie überhaupt noch gesucht wird. Allerlei Ermäßigungen im ethischen und kommunikativen Bereich machen den Menschen zunehmend einsam und das Leben mühsam und krank. An solchen Zeiterscheinungen haben Christen ebenfalls Anteil. Für sie kommt hinzu, daß der Weg von der Volkskirche zur Minderheitskirche unabwendbar zu sein scheint, so daß neue Aufträge und Belastungen auf uns zukommen, daß die überkommenen Verhältnisse, z. B. in der flächendeckenden Glaubensbetreuung, keinen Bestand mehr haben werden. Andere Gemeinden werden sich ergeben, neue Konzepte von Gemeindeaufbau werden nötig und realisierbar sein.

Allein kann niemand diese gewandelte Situation anzugehen und zu prägen versuchen. Das Ja zu geistlich gegründeter und lebender Gemeinde, zu gemeinsamer Verantwortung, auch zu neuen gemeinsamen Aufgaben wird immer dringlicher. Reicht unser Gottvertrauen und unsere Kraft zu neuem Engagement aus? Geistliches Leben vollzieht sich zu jeder Zeit, und die Verheißungen Gottes gelten nicht nur in bestimmten Gesellschaftsformen.

Der Vorwurf, Christen zögen sich aus der öffentlichen Verantwortung zurück, wird viel geäußert, ist jedoch unberechtigt. Schon Mitarbeit in einer Gemeinde bedeutet Wahrnehmung öffentlicher Aufgaben. Trotzdem tut immer neue Prüfung gut, ob wir unseren Wirkungsbereich vielleicht noch ausweiten könnten. Andererseits: Gott überfordert niemanden, und besser, zwei Aufgaben werden gründlich erledigt als vier eilig, herzlos und halb. Auch in solchen Fragen ist geistliches Gespräch und Beratung eine Hilfe und ein Geschenk Gottes.

Zu allen Zeiten haben Christen auch eine besondere Berufung vernommen, nämlich in eigenen geistlichen Gemeinschaften zusammenzuleben. Der kommunitäre Aufbruch im evangelischen Raum ist ein schönes Zeichen dafür. Großartige Verlebendigungen sind von den „Kristallisationskernen geistlichen Lebens" für die Gesamtkirche ausgegangen, z. B. von Taizé, Iona oder Selbitz. Wir werden diesen besonderen Weg Gottes als Christen wahrnehmen und begrüßen, aber auch Christsein unter den Bedingungen der alltäglichen Welt bejahen und unterstützen. Jeder Christ sei seines Weges gewiß und bereit, diese und jene Gemeinschaftsform mitzutragen. Neben dem Glauben und Beten ist das Zusammenleben in der jüngsten Zeit weithin als Kriterium und Auftrag geistlichen Lebens erkannt worden. Jede Aufgabe hat Gabe- und Verheißungs-Charakter. Gott selbst lebt mit uns in Gemeinschaft und beruft, ermuntert und begabt jeden Christen dazu.

Sich auf die Wiederkunft des Herrn freuen

Immer wieder haben sich Christen verführen lassen, die Wiederkunft ihres Herrn und damit die Wiederherstellung der Welt nach dem Schöpfungsplan Gottes zu berechnen und mit konkreten Daten zu versehen. Widerlegt durch die Geschichte, haben sich die einen enttäuscht zurückgezogen, die anderen aber völlig aufgehört, mit der Wiederkunft Christi und der Erneuerung der Welt überhaupt zu rechnen. Beide Einstellungen entsprechen geistlichem Leben nicht. Denn in der Heiligen Schrift wurde zwar vor Datumsberechnungen gewarnt und statt dessen zu Wachsamkeit aufgerufen, aber der endgültige, aller Welt sichtbare Anfang des Gottesreiches – quer durch das biblische Zeugnis hindurch – verkündet.

Dies geschieht nicht um endzeitlicher Spekulationen dieser oder jener Art willen, sondern damit Christen ihre Situation in dieser Welt deutlich einschätzen und leben. Paulus formuliert prägnant: „Die Zeit ist kurz. Fortan müssen die, die diese Welt gebrauchen, so leben, als gebrauchten sie sie nicht. Denn das Wesen dieser Welt vergeht. Ich möchte aber, daß ihr ohne Sorge seid" (1 Kor 7, 29 ff).

Der unbekannte Verfasser des Briefes an den Heiden Diognet beschreibt um 150 n. Chr. Christsein folgendermaßen:

> Die Christen wohnen in ihrem Vaterlande, aber doch wie Gäste; sie genießen ihr Bürgerrecht, bleiben aber doch Fremdlinge; jede Fremde ist ihnen Heimat, jede Heimat ist ihnen Fremde. Sie leben im Fleisch, aber nicht nach dem Fleisch; sie weilen auf Erden und wandeln im Himmel; sie gehorchen den bestehenden Gesetzen, doch ihr Wandel steht über den Gesetzen. Sie sind arm und machen viele reich; sie können auf alles verzichten und haben an allem mehr als genug.

Damit wird deutlich: Die Wiederkunftserwartung gehört zum Glauben, damit Christen rechten Abstand zu dieser Welt behalten und sich nicht von der Sorge um ihr Leben anstecken lassen. Liebe zu den Menschen sollte nicht in Distanzlosigkeit übergehen, und nie sollten sich Christen mit einer Weltanschauung oder einer Lebensform „verheiraten", sondern offen bleiben und unterwegs, zur Verfügung stehen und abrufbar sein für neue Sendungen und Aufträge.

Geistlich leben heißt so: Organe der Wachsamkeit entwickeln, stellvertretend für andere leben und alles, was uns auch an irdischem Besitz anvertraut ist, als Leihgabe betrachten. Indem wir loslassen, werden wir reich, indem wir uns loslassen, werden wir frei, indem wir uns Gott und seinen Verfügungen überlassen, werden wir erfüllt mit der hellen Freude an Gott, seiner Gegenwart und seiner wie unserer Zukunft. „In allen Dingen erweisen wir uns als Diener Gottes; als die Unbekannten, und doch bekannt; als die Sterbenden, und siehe, wir leben; als die Gezüchtigten, und doch nicht ertötet; als die Traurigen, aber allezeit fröhlich; als die Armen, aber die doch viele reich machen; als die, die nichts haben, und doch alles haben" (2Kor 6,4ff).

Literaturhinweise

Piet van Breemen, Erfüllt von Gottes Licht. Eine Spiritualität des Alltags, Würzburg 1995

Willy Lambert, Aus Liebe zur Wirklichkeit, Topos Tb 215, Mainz ³1995

Gerhard Ruhbach, Theologie und Spiritualität. Beiträge zur Gestaltwerdung des christlichen Glaubens, Göttingen 1987

Fulbert Steffensky, Feier des Lebens. Spiritualität im Alltag, Stuttgart 1984